鄧啓著

改革圖強論古今

附：美國的遠東政策

文史哲出版社印行

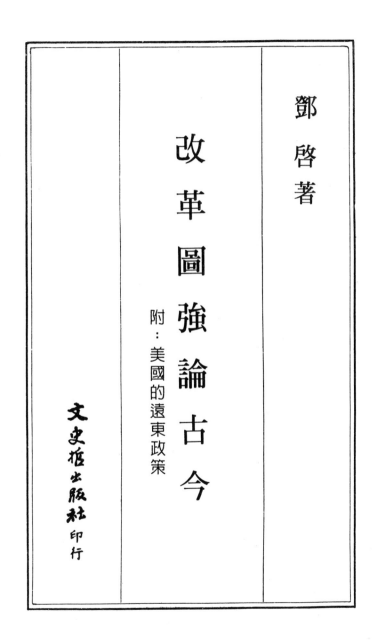

國家圖書館出版品預行編目資料

改革圖強論古今 / 鄧啓著. -- 初版. -- 臺北市
: 文史哲, 民86
面： 公分
ISBN 957-549-099-1(平裝)

1. 政治 - 論文,講詞等

570.7 86013431

改革圖強論古今

著　者：鄧　啓
出版者：文史哲出版社
登記證字號：行政院新聞局版臺業字五三三七號
發行人：彭正雄
發行所：文史哲出版社
印刷者：文史哲出版社
臺北市羅斯福路一段七十二巷四號
郵政劃撥帳號：一六一八〇一七五
電話 886-2-23511028・傳眞 886-2-23965656
實價新臺幣一二〇元
中華民國八十六年十月初版

ISBN 957-549-099-1

自序

余喜治史，發現歷代古老國家，凡能改革者，必逐漸轉強，不能者必弱，歷驗不爽。證諸世界各國，無不盡然。我國為一古老國家，尤其近世，積弱之至。允宜尋其原因，從事改革。因撰《改革圖強論古今》一書，並舉日本及新加坡等國為例。目的在使我國能改革轉強。最後一文〈如何使臺灣轉危為安〉，明指當前亟需改革各點，事實俱在，當局幸勿以余在危言聳聽也。余望我國能恢復漢唐盛世，勿以目前故步自封為滿足，是余忠誠謀國撰寫本書之至意也。是為序。

鄧 啓 民國八十六年九月

作者簡介暨寫作說明

鄧啓

字子發，山西懷仁人，民國十年生。

國立山西大學畢業，私立華西大學碩士。

曾任太原綏靖公署少將參事、軍委會委員長成都行轅少將參議、銓敘部簡任秘書、私立華西大學副教授、國立清華大學教授、教育部特約編審、中華日報主筆、省立暨國立臺北工專教授，先後逾三十年。

鄧氏兼治文史，主張學問之道必須致用，近年致力於治術之學，鑽研如何治國經邦。著作有「資治文鑑」（商務書館版）、「治術與邦—治國要領」、「國史新論」、「司馬光學述」、「治國指要」（四書皆文史哲版）等。其闡揚儒學作品，曾獲新加坡政府特函讚譽。

改革圖強論古今　目次

改革圖強論古今

任何國家均不免有缺點，必須改革始能圖強。改革之道就我國論，應先從下列各項做起。

一、教育

教育爲立國之本，若無適合國情之教育，其國必弱。多年來我國的教育不講做人，校園裡偶爾高懸「禮義廉恥」的匾額，師生們多視若無覩，教師不以身作則，學生因而無由取法。我國大專學校的教材，十之八九抄自西方，西方的科技誠可取法，其他則未必盡然。以政治學爲例，我們抄的是如何普選，如何制憲，如何實施政黨政制等，但西方的政治學很少講如何始能培植出大公無私忠心謀國的人，這是最大缺點。因此我們開放政權實施普選時，屢傳有人以金錢買票而當選的，即所謂賄選。因而登庸者不免貪鄙之徒，正人君子多望而卻步。既然有人以金錢賄選，當選後當然要爭權奪利，很少有爲全民謀福利的。推本窮源，應歸咎於我們的教育失敗，所以圖強之道，首須從改革教育做起。

二、司　法

司法界有些法官公正無私，可是有些法官貪贓枉法。有一律師曾感嘆地對我說，貪官們不僅向涉訟人要紅包，有時也向律師要好處，如拒則你這官司一定失敗。有些殺人越貨的江洋大盜，被警方千辛萬苦冒險捕獲，送進法院久不宣判，最後則由死罪減爲無期徒刑，又由無期減爲數年，最後甚至藉故假釋了。何以如此呢？那就是紅包作祟。因此警方非常灰心，常有我們冒萬死一生之險捕到匪徒，法院不久便輕輕地釋放了之嘆。因而做奸犯科及姦淫搶刼之徒公然爲之，並無所懼。由於司法界少數貪墨之徒所爲，致使國人對司法界印象甚壞，認爲千萬不可涉訟，因爲涉訟如不送紅包，縱然有理也必敗訴。所以圖強之道，第二須從改革司法做起。

三、軍事

任何國家均必須有軍隊，其任務是捍衛國家，保境安民。若有外國藉故挑釁，必須舉國一致共擊之，戰罷仍歸建制。軍隊專爲鞏固國防之用，地方事件乃警察之責，軍警各有專責。

我國近世軍隊，幾乎皆爲一人或一黨控制，掌軍權者後皆變爲國家領袖，掌握政柄。如清末袁世凱小站練兵，民國蔣中正黃埔練兵，毛澤東井崗山練兵，以後三人皆掌全國政柄，其軍隊變爲一人或一黨軍隊，此所以數十年來國內戰亂迭起，相互攻伐，成爲動亂不安之局。

今後欲圖保境安民，必須嚴守軍隊國家化制度，專用於對外禦侮，保境安民，此則當政者必須有此雅量，非淺識者所能爲。如曾國藩平定洪楊之亂後，奏請解散湘軍，即爲一例。今後如有當政者私欲薰心控制軍隊，欲爲一人或一黨獨裁，全國各黨及各方面應共擊之，務必清此亂源，嚴守軍隊國家化制度。所以圖強之道，第三須從改革軍事做起。

四、稅　制

我國稅制名目繁多，課徵極其不公。計有營業稅、地價稅、房屋稅、土地增值稅、契稅、銀行存款的利息稅、贈與稅、遺產稅、股票買賣稅等等……最不合理的是綜合所得稅，這是一種重複科徵的惡稅。譬如銀行存款每筆到期已經扣過利息稅，翌年仍須併入綜合所得稅重複課稅，其他買賣股票、出售房屋、租賃房屋等等，亦復如此。如有短報且必重罰。記得閻錫山當年主政山西時，稅制極輕，只有地丁（近乎地價稅），契稅（房屋買賣時扣）而已，從未聞有所謂營業稅、土地增值稅、銀行存款的利息稅、贈與稅、遺產稅、股票買賣稅、房屋出售及租賃稅，更未聞有綜合所得稅，人民負擔極輕。閻氏治理山西有模範省之稱，爲民所謀福利甚多，稅制極輕即爲一端。今日我國稅制名目如此繁多，多年來使人民怨望不勝負荷。所以圖強之道，第四應從改革稅制做起。

五、外　交

外交應以國力爲後盾，我政府退居臺灣前後，好多國家和我們斷交，紛紛與中共建交。何以故？因爲中共控制了大陸，而且很快進入聯合國，成爲五常任理事國之一。四十多年來，我們殷望臺灣同胞能莊敬自強，發憤有爲，使世界各國能再和我們建交，並使我們再進聯合國，但是，談何容易。截至現在，世界各國和我們有邦交的，爲數有限，但我外交部動輒宣稱要使我國進入聯合國，迄今無法兌現，這是不負責任的說法。何以故？如果我國要再進聯合國，據我所知，第一難關就是中共擁有否決權，它可以否決。退而求之，如有聯合國會員國三分之二，或至少過半數國家支持我們，也是一條途徑。但是，聯合國會員國中和我們有正式邦交的，爲數甚少，這又不得其門而入。除此以外，我不知道我外交部有何方法可使我國進入聯合國？如果只是口頭說說，這是不負責任的做法，使國人一直懸一空想，這是我們外交的一大失敗。所以圖強之道，第五應從改革外交做起。

六、建設

政府應爲全民從事建設，理所當然。何況我國積存海外的外滙，有九百億之多，理應提一部分爲國內從事建設。但是，並無其事。我國寧肯以外滙不斷收買世界各小國，希望它們在聯合國支持我們，但對國內各種建設，從未動用外滙。我們早應增建鐵路和公路，早應增購新式航空客機，我們各縣市鎮的垃圾堆積如山，動輒引發兩地糾紛，早應從國外多購焚化爐，解決此一問題，但是均未舉辦。不知積存如此鉅額外滙將做何用？這是全民的血汗錢，何以不用於全民？眞不可解。此其一。我們偶爾爲全民從事建設，又往往設計錯誤，徒然消耗鉅額金錢，而無補實際。譬如修築捷運線即爲一例。我們同時興建九條捷運線，錯誤百出，一再修改，動輒消耗數百億金錢，迄今僅木柵線勉強通車，但一再出事，好多人不敢試乘，沿線徵收地主土地，有些迄今尚未全補償，致地主怨聲載道。此其二。一個政府無能為全民從事建設，財力缺少尚情有可原，我們是擁有鉅額外匯而不為全民從事建設，令人念之寒心。所以圖強之道，第六應從如何展開為全民從事建設做起。

七、經貿

經貿為現代國家施政重點之一，世界大國多彼此競爭，何國經貿發達，即列入富強之林。從十八世紀起，英國所以練有強大海軍，主要為了經貿。第一第二兩次大戰之主因，骨子裡也為了經貿。臺灣與大陸隔絕四十餘年，自近數年開放兩岸探親旅遊以來，工商界之有識者，競相前往大陸投資，但主管部門則多方牽制，此種短視作風，實為不智。故迄今大陸同胞尚未能來臺投資。按兩岸經貿往來可以互惠，我方主管部門多方牽制，無異阻絕此一通道，顯屬下策。世界各國彼此建立邦交，主要即爲經貿往來，甚至本無邦交，亦設法相互經貿往來。譬如美國與我方雖無邦交，但美國產品經常售於臺灣各地，我國人士亦有到美國投資者。臺灣乃一小島，地小人多，應以發展經貿爲施政要點，今大陸與臺灣本爲一國，反而多方阻絕，實非計之得者。所以圖強之道，第十應以改革經貿做法爲要點，務求兩利。

八、政　制

世界各國現時政治制度，有獨裁政制者，如共產國家是。有民主政制者，如英美法各國是。實際民主國家也只是政黨專政，不夠充分民主。我國雖列於民主國家之林，但政黨運作遠不如英美法等國。英美法等國政黨當政，從未聞議會有滋事群毆者，我國議會則屢見不鮮。此則較英美等國更遠不如，此與競選時流品複雜甚至賄選有關。我認世界各國民主政制已經不夠民主，我國則更民主其名而已。臺灣乃一彈丸島國，今後欲圖躋於先進國家之林，其民主程度必須較英美法等國更民主，更能爲全民興利除弊，其做法寄望於政黨競爭。今後政治運作不必寄望於任何第一大黨，應寄望於任何一黨或有願爲全民興利除弊之有力人士，全民即擁護其成立政黨，進而施政。民意是力量，民意之所向任何力量無法阻止。所以圖強之道，第八應從改革現行政黨做風，希望其更民主做起。

九、內政

內政爲庶政之母，廣義言之，幾乎所有施政均屬內政範圍。狹義言之，有關人民之福利，爲其重點。譬如：㈠土地問題之解決，使人民有廉價房屋可住。㈡地方治安之維護，使人民可安居樂業。㈢貧病殘障同胞之救助及貧寒子弟上學之補助。㈣災變及意外事件之救濟等均屬之。其中尤以土地問題之解決，爲一最重要問題。我國現行土地政策，乃假中山先生「平均地權」之名，行播弄提高地價之實，目的只在增稅。由於政府每年宣佈「提高土地現值」，及「公告地價」，引發地價不斷激漲，因之房價水漲船高，使大多數人民無力購買房屋，造成一嚴重問題。但政府在政策上需要土地時，卻又不以市價徵收民地，致引起民間抗爭，事件不斷擴大。解決之道似應宣佈「土地國有」，一切問題可迎刃而解。但此「土地國有」並非無條件沒收，應將國營事業中除少數有關全民福利者外，及三商銀官股，發行股票以抽籤方法分配給地主，以資補償，使地主有事業經營。至於民間現在房屋可以買賣，但基地已歸公，十年內無租，以示優惠。十年後一律向政府承租，定一標準，租金極少，萬不可再蹈「萬稅」之譏。民間如擬建屋及企業如擬建廠，可訂一標準，分別規定坪數，任何人不得逾越。如有特權者逾越，規定處以極刑。如此，可將土地問題澈底解決。至於貧病殘障災變及貧寒子弟上學之救助，主管機關可認眞加強辦理，切忌如現在有名無實。所以圖強之道，第九應大力改進內政之各重要問題，尤其是土地問題。

十、統一問題

兩岸統一乃一重要問題，只以有些人歪曲事實，令人誤解。臺灣從古以來即爲中國之地，清末始建省。今有人竟謂臺灣非省，乃是一國，此一說法較臺獨之非且過之。近數年來大陸方面主張一國兩制，臺灣方面不同意。大陸方面主張坐下來談，亦即黨對黨談，臺灣方面主張政府對政府談，亦即表示臺灣是一國，即臺灣國與中國人民共和國談，因此雙方隔一鴻溝。其實有一做法可使兩岸逐漸統一，即開放兩岸經貿往來，由經貿往來可彼此互惠，大陸同胞可來臺灣貿易建廠，臺灣同胞可到大陸貿易建廠。現在早已通郵，通貿以後自易「三通」，彼時兩岸再談統一，阻礙漸少矣。所以圖強之道，第十應多方設法使兩岸逐漸統一，間接增強國力，使中國躋於世界巨強之林。

十一、大陸方面

大陸方面有兩件事必須改進，第一是戶口制度。大陸農村的戶口甚難遷往城市，因此衍生好多人用紅包買通當地主管，一層一層打通關節，有的僥倖成功，有的仍然失敗，這是大陸方面最大的缺點。這一制度多年來阻止經貿發展，迄今仍然並未改變。從古以來地無論中外，欲圖發展經貿，首須各地交流，從未聞故意設限，這是大陸方面亟須改正的大事。第二、大陸方面早年鄙視智識份子，貶之爲「臭老九」，殊不知時無論古今，只有智識份子運用其智慧，才能爲國家設計如何改進政治，如何改造軍事，如何發展經貿，如何運用外交，如何發展科技，等等，如無智識份子，國家難圖進步。大陸方面當年建黨以至革命成功，豈非全由智識份子領導？因此大陸方面欲圖更強，必須改革戶口制度並重視知識份子之可貴，這是最緊要的事。

上述各項雖卑無高論，如能見諸實行，相信應有效益。但以上各點如欲實現，必須：

㈠領袖必須公忠，若無公忠之領袖，何能領導全民圖強。㈡全民必須團結，全民若不團結，形同一盤散沙，如何圖強。㈢領袖如何產生，應由全民推選，如不公忠，亦由全民罷免。㈣全民如何團結，一則自發，一則應加強教育，政府應規定全民受訓，除病老傷殘者外，一律分期受訓一或兩個月，專門灌輸團結圖強之要旨。必須預先選拔良師，可以身做則者。

以下略舉「歷代改革述要」暨「近世圖治範例」二篇。詳目見後分述。

歷代改革述要

(一)我國歷代信而有徵的，首推唐堯時代。當堯之時洪水氾濫，民不聊生，使鯀治水，鯀以堵塞方法，九年不成。及堯禪位於舜，舜使禹治水，禹用疏導之法，歷時十三年，使江、淮、河、濟，諸水均導注於海，自是人民始可安居，此爲舜時最大的改革。禹不僅消除了水患，而且大興農田水利，造福民生。因此舜亦循例禪位於禹。大禹治水造福千百代後，厥功甚偉，古今改革造福再無大於此者。

(二)春秋時管仲治齊，作內政以寄軍令，寓兵於農。通貨積財，富國強兵，使齊尊周攘夷，得爲五霸之首。改革之功也。

㈢秦孝公變法圖強，變井田，闢荒地，督耕稼，行保甲，定軍制，行之十年，國以富彊。傳至嬴政，多方改革，尤以水陸交通與修築長城爲著。始皇闢馳道（即行車大道），分二幹線，皆從咸陽出發，一條東達燕齊，一條南至吳楚，道寬五十步。此爲橫貫東西之兩大幹線。後又增築一線，北起九原（今綏遠省境），南達零陵（今湖南省境），長一千八百餘里。爲妨匈奴內侵，修築自隴西（今甘肅臨洮），北地（今甘肅寧縣）至上郡（今陝西綏德）的長城。後又將趙長城（沿陰山至代—今察哈爾蔚縣），燕長城（自造陽起—今察哈爾懷來），至襄平（今遼寧遼陽），連接起來，西起臨洮（今甘肅岷縣）東到碣石（今渤海岸臨朝鮮境），成爲萬里長城。

水上以黃河爲幹線，引黃河之水南流與濟、汝、淮、泗、相合，使中原地區水上全可交通。使漢水貫通江淮，使吳越地區之松江、錢塘江、浦陽江與五湖掘渠相通，外可通海，內可通邗溝。

秦又統一度量衡之名及單位。並統一幣制，定貨幣爲二等，黃金爲上幣，單位稱「鎰」，銅錢爲下幣，單位稱「半兩」。秦又作小篆，作隸書，改革文字。始皇另一貢獻，使天下「書同文、車同軌、行同倫」加惠後世，爲益尤大。

㈣漢劉邦統一天下，使蕭何作律令，爲一改革。文景之時，除肉刑，獎農桑。武帝時表章六經，重儒術。光武偃武修文，獎勵名節，敦尚經術，賓延儒雅，廣開學校，修明禮樂。繼以孝明孝章，遹追先志，臨雍拜老，横經問道，自公卿大夫至於郡縣之吏，咸選用經明行修之人。虎賁衛士皆習孝經，匈奴子弟亦遊太學，是以教立於上，俗成於下。忠厚清修之士，豈惟取重於搢紳，亦見慕於衆庶。愚鄙污穢之人，豈惟不容於朝廷，亦見棄於鄉里。故自三代以後，風俗之美，未有若東漢之盛也。

㈤隋煬帝開河渠，後世受惠。
⑴引渭水自大興城東至潼關，三百餘里。即廣通渠。
⑵開通濟渠，即北運河。

(3)開永濟渠，即衛河。

(4)開南運河，自京口至杭州，長八百餘里。煬帝好大喜功，當時大徵民夫，勞苦備至，原為遊幸。但使水運貫通南北，有利後世，為一大改革。迄今仍受其惠。

㈥北魏孝文帝遷都洛陽，全盤改革，魏由是強。

(1)改姓氏　改拓拔為元、丘穆陵為穆、步陸孤為陸、紇豆陵為竇、是連為連、獨孤為劉、勿忸于為于、丘林為林、出大汗為韓等。

(2)改衣冠　胡人之衣狹而短，漢人之衣寬而長，改胡服為漢衣。

(3)定官制　仿南朝官制。

(4)修刑法　以中國固有法律為準。

(5)興學校　設立大學、小學，一如漢制。獎勵文教。

(6)改語言　改鮮卑語為漢語，禁說固有話。

(7)定氏族　定鮮卑族與漢人的譜牒相同，與漢人通婚。

尤重要者：

(8)實行均田制　①男子十五以上授露田四十畝（露田不種樹），婦人二十畝，身歿即還田。②男子另授桑田二十畝，爲人民永業。身歿不還，可買賣。其宜種麻之田，男子授田四十畝，婦人五畝，須依法還田。此制係土地公有與私有之折衷辦法。露田爲公有，桑田爲私有。

(9)實行府兵制　曹魏以後，徵兵之制不行，軍隊皆由招募。自謝玄鎭廣陵時，爲防符堅，始招募勁卒，號北府兵。肥水之戰時發揮大效。魏孝文帝時復徵兵制，不分胡漢，平時耕稼，戰時出征，魏因之強。

(七)唐太宗武功文治，冠絕千古。扼要言之，

1. **武功方面：**

(A)平定國內

(1)平隴右　秦王世民擊降薛仁杲。

(2)平河西　李軌伏誅。

(3)平并州　秦王世民大破宋金剛，并州平。

(4)平河北河南　秦王世民擒竇建德，河北平。王世充來降，河南平。
(5)平嶺南　馮盎承率部來降，嶺南平。
(6)平山東　諸葛德威執劉黑闥來降，山東平。
(7)平江淮　李靖獲蕭銑，杜伏威來朝唐，江淮平。

(B)四夷來朝

(1)滅東突厥。
(2)回紇：來獻方物。
(3)林邑：朝貢不絕。
(4)婆利：今婆羅洲，遣使朝賀。
(5)盤盤：遣使來朝貢方物。
(6)眞臘：常遣使來朝。
(7)陁洹：先後遣使來朝。
(8)阿陵：在南海中，東接婆羅洲。常遣使獻方物。
(9)墮和羅：常獻方物及象牙大珠。

⑽墮頗登：曾遣使獻古貝象牙白檀。
⑾東謝蠻：今貴州西部，首領曾入朝。
⑿西趙蠻：貞觀三年曾遣使來朝。
⒀牂牁蠻：迭次遣使朝貢。
⒁東女國：西羌別種，以女為主，女王曾遣使來貢方物。
⒂南詔蠻：曾來入朝。
⒃高麗：國都平壤，曾遣使來朝。
⒄百濟：今朝鮮西部，曾遣使貢方物。
⒅新羅：今朝鮮東部，曾遣使貢方物。
⒆倭國：在新羅東南海中，曾遣使貢方物。
⒇日本：即今日本國，曾遣使貢方物，並派人來留學。
(21)泥婆邏：今尼泊爾國，曾遣使朝賀。
(22)黨項：今甘肅西部，貞觀三年內附。
(23)高昌：今新疆土魯蕃，曾獻貢物。

⑵4焉耆：今新疆焉耆縣，曾遣使貢方物。
⑵5龜茲：今新疆庫車縣，曾遣使貢方物。
⑵6疏勒：今新疆疏勒縣，朝貢不絕。
⑵7于闐：今新疆于闐縣，出美玉，常來朝貢。
⑵8天竺：今印度半島，曾遣使朝貢。
⑵9罽賓：今克什米爾，曾獻名馬，常有來使。
⑶0康國：今中亞西亞中部，遣使獻名馬，常朝貢。
⑶1波斯：今伊朗國，屢次朝貢。
⑶2大食：今阿拉伯半島，獻馬之外，又遣使朝貢。
⑶3鐵勒：今蒙古新疆一帶，曾來供方物。
⑶4契丹：今河北東北部及遼寧一帶，貞觀三年，國君率部來降。
⑶5奚國：今遼寧西部，貞觀二十二年，酋長率部內附。
⑶6室韋：今黑龍江西部，常派使朝賀。
⑶7靺鞨：今黑龍江及吉林以東地方，曾遣使朝賀。

(38)渤海：今吉林遼寧地方，曾遣子入侍。
(39)霫：今遼寧西部，曾遣使朝賀。
(40)烏羅渾：近蒙古，酋長遣使貢方物。

2. 文治方面

(1)擢用賢才　以房玄齡、杜如晦爲相。房善謀，杜能斷，故有房謀杜斷之譽。以魏徵、王珪爲諫議大夫。魏徵犯顏直諫，前後上疏數十次，太宗多能接納。亦有使太宗不能忍時，但終於忍受。餘如馬周、褚遂良、孫伏伽，亦皆以直諫著名。

(2)留心吏治　愼選刺史、縣令等親民官吏，務使官得其人，民受其惠。史稱貞觀四年，東至於海，南至於嶺，皆外戶不閉，行旅不齎糧。斗米值五文錢，人民生活安定可以見矣。又常派人四出巡視，考察吏治，黜陟官吏。

(3)提倡學術　①置弘文館　精選天下文學之士，取三品以上子弟，充弘文館學士。詔顏師古定五經，令天下學習。詔孔穎達定「五經義疏」

一百七十卷，名「五經正義」，令天下傳習。②獎勵著述　房喬褚遂良等撰「晉書」百三十卷。姚思廉撰「梁書」五十八卷。撰「陳書」三十六卷。李百藥撰「北齊書」五十八卷。令狐德棻等撰「周書」五十卷。魏徵撰「隋書」八十五卷。

(八)元代崛起，版圖擴及亞歐及非洲。

元代始祖鐵木眞，即成吉斯汗，世居斡難河源之不爾罕山附近，以游牧爲生。南宋時部族林立，主要有：乞顏、塔塔兒、蔑兒乞、克烈、乃蠻等。乞顏酋長也速該，乃一勇士，爲人毒殺，其子鐵木眞驍勇善戰，先後呑併諸部落，國勢日強。宋寧宗時諸部落大會於斡難河源，推鐵木眞爲大汗，上尊號「成吉斯汗」，都和林，此即元太祖。成吉斯汗掃平大漠南北部落，即帝位於鄂諾河源。繼續滅西夏、滅金。元世祖時滅南宋，遂統一中國。元太祖用耶律楚材爲謀主，先後取河北、山西、山東、秦隴之地。又征伐高麗、滅西夏、攻金，中途病死，由三子窩闊台立，是爲太宗，繼其父之遺策，繼續擴張。總計元初向外征討，太祖九年滅西遼，十四年征花刺子模，擁有恒河及底格里斯河一帶領土，十八年令速不台征討欽察國，國境在裏海高加索山一帶，國王被執，盡收其地。憲宗時征俄羅斯，攻破額里齊城。

其次：

(1)高麗入朝，爲元統治。

(2)兩次征討日本。

(3)世祖征大理，大勝。

(4)世祖征土潘，吐藩降。

(5)憲宗七年使烏蘭哈達征交趾（今安南），勝利。

(6)元遺軍征占城（近瓊州），占城降。

(7)緬甸稱臣，貢方物。

(8)暹羅入朝降。

(9)南洋群島諸國降。

元極盛時曾封四汗國：

(1)欽察汗國：東至吉利吉斯荒原，西至匈牙利，盡有歐洲東北之地。

(2)窩濶台汗國：阿爾泰山及新疆北部之地。

(3)察合台汗國：阿姆河以東，及天山附近一帶地方。

(4)伊兒汗國：俄屬中亞南部，伊朗高原西，小亞西亞一帶。

總計元之版圖，北逾陰山，西極流沙，東盡遼左，南越海表，東南遠逾漢唐。爲我國歷代疆域最大者，前世所無。

(九)明成祖的功業，重在經營海外。

明成祖本封燕王，起兵逼惠帝出亡，自立爲帝。成祖有雄略，茲舉其武功如下：

(1)征韃靼　元亡後順帝逃至塞外，傳至鬼力赤，改稱韃靼。後因逐漸不聽明朝命令，成祖帶兵親征，將其打敗。

(2)服瓦剌　瓦剌在韃靼之西，其順寧王馬哈木最強，想內犯，爲成祖打敗，乃遣使朝賀。

⑶平安南　安南權臣黎季犛篡位，自立爲王。成祖派張輔討平之。

⑷使西北各國入貢　蔥嶺以西之帖木爾汗國漸強，曾興師東侵，中途病死，其國稱臣。西羌及洮洲十八番酋戰敗來降，遣使入貢。

⑸使朝鮮內附，又開拓貴州。

⑹使日本與琉球入貢　明初日本統一，幕府足利義滿入貢。成祖即位，義滿具表賀，成祖賜以冠服王印。琉球於洪武初入貢受封，永樂時入貢益頻，並派學生來華學習。

⑺經營南洋　成祖派太監鄭和率兵二萬七千八百餘人，乘大船六十二艘，携帶金帛出使南洋各國，先後七次，宣揚國威。歷經占城、爪哇、錫蘭等三十餘國。鄭和歷侍三朝，先後七次奉使。

第一次於永樂三年六月至五年九月，到占城、蘇門答剌、古里、滿剌加、小葛蘭、阿魯等地。俘舊港酋長陳祖義，回京殺之。

第二次於永樂五年十二月至七年六月，再往錫蘭等國，立碑錫蘭山。

第三次於永樂七年十二月至九年末，往古里、滿剌加、蘇門答剌、阿魯、加異勒、爪哇、暹羅、占城、阿枝、阿撒巴丹、小葛蘭、南巫里、甘巴里等地。擒錫蘭王亞列苦奈兒，九年末赦歸。成祖對和大加勞宴。

第四次於永樂十一年冬至十三年七月，到滿剌加、爪哇、占城、蘇門答剌、阿魯、柯枝、古里、南渤利、彭亭、急蘭丹、加異勒、忽魯謨斯、比剌、溜山、孫剌、麻林、木骨都東、不剌哇等地。擒蘇門答剌僞王蘇幹利，歸獻。（麻林、木骨都東、不剌哇，皆在非洲東岸）

第五次於永樂十五年十二月至十七年七月，到古里、爪哇、滿剌加、占城、錫蘭山、木骨都東、溜山、喃渤利、不剌剌、阿丹、蘇門答剌、麻林、剌撒、忽魯木斯、柯枝、南巫里、沙里灣泥、彭亭、舊港等地。賜柯枝王印誥，封其國中之山爲鎭國山，成祖親製碑文賜之。

第六次於永樂十九年至二十二年冬，到非洲東岸及阿拉伯沿岸之祖法兒、阿丹。蘇祿等國使臣隨之來，歸時成祖已逝。

第七次於宣德六年十二月至八年七月，到占城、爪哇、舊港、滿刺加、蘇門答剌、錫蘭、古墨忽魯謨斯等地。宣示明朝德意。

鄭和歷事成祖、仁宗、宣宗三朝，出使外洋先後七次，歷經五十餘國，使明朝國威遠揚海外，並導致海上交通更爲發達。繼之閩、粵居民，紛紛移殖南洋，開近世華僑旅外之風。

㈩清朝的武功，先安內，後征外。

⑴安內首要，爲平定三藩之亂。清初入關重用降將，以便助其爭戰。曾封吳三桂爲平西王，鎭守雲南。尚可喜爲平南王，鎭守廣東。耿仲明爲靖南王，鎭守福建。孔有德爲定南王，鎭守廣西。有德死後無子，因之撤藩。其中以吳三桂勢力最大，晉封親王。其後清廷鑒於數藩勢

力甚強，欲解其兵柄。尙可喜首請撤藩，時耿仲明已死，其子精忠也請撤藩，試探清廷意向，清廷照准。於是吳三桂遂起兵反，建號爲周，並稱天下都招討大元帥。一時雲南、貴州、四川、湖南、廣西、各郡縣紛紛響應。耿精忠與王輔臣更分擾西南與陝甘，以助之。三桂親至湖南督戰，與清兵相持。惜三桂年老慮多，並未北上直搗清廷腹心，加之反清勢力又不堅固，耿尙二藩先後迎降，三桂遂憂憤而死。其子世璠退回雲南。康熙二十年清兵攻克雲南，世璠自殺，耿尙二藩亦在京中被戮。至是三藩之亂遂平。

(2)征外的重大收獲：

①清初併內蒙，康熙二十九年，清聖祖親率大軍出喜峰口，大破噶爾丹。三十年到多倫諾爾，分外蒙爲左、右、中三路，共三十旗。從此內蒙四十九旗及外蒙三十旗，均爲清之屬國。

②平定天山南北路　準格爾汗噶爾丹，清初已統一天山南北兩路，又東侵外蒙古。康熙三十五年，聖祖又親率大軍出征，大破噶爾丹，

噶走死。於是阿爾泰山以東，皆隸清版圖，拓地千餘里。後噶爾丹兄子策妄，於康熙五十四年又東犯，爲清軍擊敗。雍正時妄子又東侵外蒙，爲外蒙擊敗。乾隆時準部阿陸撤納叛，令將軍兆惠討平之。準部屬烏梁海內附。至是天山北路全定。乾隆二十二年，清軍既平阿陸撤納，大、小和卓木遂據喀什噶爾自立，清廷派兆惠、富德進討，二十四年大小和卓木敗死，天山南路遂平。至是天山南北皆入清朝版圖，乾隆命其地日新疆。

③征服西藏青海　西藏喇嘛原分黃、紅二教，黃教禁娶妻，教主逝後轉世。康熙時達賴五世死，轉世之爭起，準部之策妄，趁機率部入藏，康熙五十九年派軍擊退策妄，留軍駐守。至是西藏遂入清廷版圖。青海與新疆西藏相接，初屬和碩特，復歸準噶爾，清聖祖征噶爾丹時，遣使招撫，青海來歸受清冊封。至是西藏青海全定。

④收復臺灣　鄭成功三世抗清，歷三十八年。成功原名森，福建南安人，母日本川田氏，父芝龍，本海盜出身。福王立於南京，封芝龍

閻錫山治晉簡介

民國以來各省治績，以山西最好，有模範省之稱。閻錫山治理山西歷三十八年之久，他究竟如何治理呢？茲特簡介閻氏生平及他的治績。

一、閻錫山的生平

閻錫山字伯川，山西五臺縣人。清朝末年留學日本，習陸軍，不久認識孫中山先生，他認爲滿清政治腐敗，對外不斷辱國喪權，由於慈禧一意孤行，致光緒維新失敗，應該推翻滿清，建立民國，與中山的見解相同。乃毅然加入同盟會。在日即聯絡志士，如蔡鍔、唐繼堯、李烈鈞等，密商如何革命。宣統末年，閻氏與同志趙戴文由日返國，從天津登岸，身懷炸彈昂然不避檢查，返晉加入陸軍，漸升任標統。民國元年武昌起義，閻氏首先響應，擊斃陸撫臺，消滅另一效忠清廷之譚振德協統及管帶熊國斌，宣佈晉省獨立，被推為山西省都督。時年二十九歲。其後民國成立，但袁世凱當政，閻氏身處北洋軍閥包圍中，一面須善為應付，一面埋頭從事建設。三十餘年來，閻氏將晉省建設成一經貿自給自足，輕重工業甲於全國，軍備足以自衛有餘，人民安居樂業，故有模範省之稱。三十餘年來，閻氏且參與幾次大戰，如民國十九年蔣氏與閻、馮、李氏的中原大戰，民國二十六年起的對日八年抗戰，及日本投降後的國共戰爭，晉綏軍每次均艱苦備嘗，勇不避戰。在對日戰爭時，晉綏軍不避犧牲，死師旅團長三十餘人，每次殲滅日軍不少，達成任務。惟在三十八年國軍對共軍戰役全面失敗，閻氏困守太原，原欲與太原共存亡，惟蔣氏認一國比一省重要，電邀閻氏飛京組閣，與共軍作最後決戰。惜乎國軍全面失利，閻氏並不氣餒，乃宣稱為戰鬥內閣，先由京遷渝，又由渝遷蓉，尚欲遷往西康，為形勢所迫，最後遷往臺灣。此中有一事可特述者，當閻氏任行政院長時，蔣總統已經下野為國民黨總裁，李宗仁為代總統，堅欲與共黨談和，閻氏不可。組閣時李欲以白崇禧爲國防部長，甘介侯爲外交部長，閻氏堅欲自兼國防部，以胡適長外交部，其時胡氏在美不歸，乃以葉公超爲代部長。閻氏所以如此，因鑒於李氏實欲投降，乃毅然與蔣氏合作，蔣氏與閻由京遷渝，由渝遷蓉，最後遷來臺灣。若無閻氏此毅然決定，臺灣已非我有，李宗仁當然送給共方。今日臺灣高層人士得悉此情者甚少，由於閻氏此一深明大義的決定，始有中華民國政府之存在。這是閻氏最大的貢獻。

二、閻錫山的治績

閻錫山如何治理山西呢？簡要言之，約分三點：

(1)親民與教民

(2)全力推行各種建設

(3)多方使人民安居樂業

(一)閻氏如何親民與教民呢？

他於民國元年被推爲督軍兼省長後，鑒於爲政之先首須親民與愛民，因即編印「人民須知」一冊，分發各縣市鄉鎮，轉發每一民家。此冊要點計分八章：

1. 民德篇　信　實　進取　愛群
2. 民智篇　國民教育　聽宣講　看報紙　看告示　讀刑律
3. 民財篇　種樹　種棉　蠶桑　肥料　甜菜製糖　種麻　交換種籽　牧蓄　紡織　經商　備荒
4. 家庭篇　家庭　家庭教育　女學　自立　三怕　職業　貧富之別　積蓄　戒溺女　戒纏足　戒早婚　戒吸煙　戒賭博　婚聘祭葬
5. 社會篇　結團體　公衆衛生　信教自由　選舉
6. 國家篇　國家　愛國　國旗國歌　調查與登記　違警罰法　訴訟　訴願與行政訴訟　告發詐財官吏　尊重軍人與警察
7. 世界篇　世界　種族　條約　待外人的道理

8.附錄地理圖說　世界圖說　山西圖說

此冊「人民須知」，其中八章規定甚詳，不須一一解釋。惟第三民財篇中的「備荒」，第四家庭篇中的「三怕」及「職業」，與第五社會篇中的「結團體」，可略加說明。

(1)如何「備荒」呢？一要鑿井，二要用古人的區田法。鑿井遇到旱年，可以澆田。區田法是於頭年秋後，將地先掘成小池子，每一池方一尺五寸，深一尺，每地相隔，亦爲一尺五寸。將掘出之土，放在相隔的空地上，使陽光晒之。俟明春耕種時，用糞每池不過十斤，騾馬糞土池糞皆可。先將糞與掘出之土拌勻，壅到池內約六寸餘，然後下種穀子，俟苗出土時，每一株相距一寸半，每池約一百一十株。以後每鋤一次，澆一次，壅土一次。到秋天苗也成熟，地也壅平。此法既不用牲畜，又不拘什麼地，一人即可種，每池不大，用水無多，所以先要鑿井。此區田的收成，如以舊法每畝收一石，區田可收五、六石，所以此爲備荒的一良法。

(2)何謂「三怕」呢？　即怕上帝、怕法律、怕社會上的輿論。

(3)「職業」 是教導人民應有正經職業，若無職業便成游民。山西的婦女，以前多不做事，閻氏特別想到婦女在家能辦的事，如養蠶、繅絲、織布、熬糖、養雞以及小手工業，都是有助家計的事。

(4)何謂「結團體」呢？ 閻氏鑒於鄉下如有土豪惡棍，欺負良民，或強盜殺人放火，人民應該預先結合成立團體，可以互助預防。甚至如有可賺錢的事，一人不能辦的，可以合作生財，集體共利。

閻氏在這本冊子前面，印有告諭人民八條：

(1)當兵納稅受教育，爲國民三大義務。不可不知。

(2)身體不壯，爲人生之大不幸。不可不知。

(3)尚武爲國民之必要精神。不可不知。

(4)人能有所發明，纔算眞本領，不可不知。

(5)衛國以武，備戰以財。不可不知。

(6)亡國之民不如喪家之狗。不可不知。

(7)治病要在人未死之前努力，救國要在國未亡之前努力。不可不知。

(8)軍官能力的軍隊，抵不住政治能力的軍隊。不可不知。

以上這些說法，都很通俗。閻氏規定由六種人爲鄉鎮人民講解。①縣署宣講員，②區署助理員，③國民學校校長及教員，④街村長副及閭長，⑤在籍之高等小學畢業學生及前清舉貢生童之品性端正者，⑥退伍軍官。他要求這六種人負責爲人民講解。

以上是閻氏親民與教民的概括做法。

(二)閻氏如何全力推行各種建設呢？

(1)閻氏在太原成立「西北實業公司」負責建立各種工廠，其中最重要的有：水泥廠、鍊鋼廠、冶金廠、毛紡廠、織布廠、製藥廠等二十多個廠。

(2)閻氏在太原又成立了兵工廠，內有炮廠、鎗廠、子彈及炸彈廠等。當時全國只有三個兵工廠，即太原兵工廠、瀋陽兵工廠、漢陽兵工廠。以太原兵工廠生產的武器最爲新式犀利。

(3)閻氏又成立了「保晉公司」負責產煤，當時山西產煤甲於中國。尤以大同口泉的煤量多且質好，每年輸出省外國外，爲晉省賺取大量外匯。

(4)閻氏鑒於交通重要，除修築全省的公路外，又修築了「同蒲鐵路」，從大同到蒲州，縱貫全省，北可與京綏鐵路銜接，南可至風陵渡。

(5)閻氏鑒於教育爲治國的百年大計，除加強山西大學的教學設備，選聘特優師資外，又特成立了法政專門學校及工專、醫專，培植專門人才。山大原有文學院、工學院、法學院、農學院，又特成立了教育學院。閻氏又成立了「育才館」，考選大專畢業生，灌輸更高的智識，畢業後派充各縣市政府的高級幕僚。

(6)閻氏又成立了「北方軍官學校」，畢業後派充軍中幹部。特優者保送陸軍大學，畢業後返晉派充軍中高級幹部。

(三)閻氏如何使人民安居樂業呢？

閻氏說警察爲人民保姆，法官是人民訴訟的青天。山西也成立一「警察訓練所」，招生畢業後按成績派在警局及分駐所服務。山西的法官，大多由山大及法政專門學校的高材生受訓後派充。閻氏特別規定，警察與法官的待遇要足以養廉，但絕不容警察與法官貪污枉法，如有此情一律重罰。遇有特別受賄違法情節重大者，下令槍決。山西境內很少有土匪搶人越貨事件，偶有此情，由警察多方追捕，一律槍決。所以山西境內很少有此事件發生。

山西的賦稅很輕，房地每年只徵地丁稅，買賣房屋有契稅，均甚輕。此外無他捐稅。從未聞有所謂增值稅、遺產稅、贈與稅、所得稅、綜合所得稅等名目。山西各縣市鄉鎮，都設有「息訟會」，人民如有爭訟事件，必須先送經息訟會調解，調解不成才送法院。法官判案必須毋枉毋縱，否則省當局依規重辦。山西省嚴禁煙、賭、贓、欺。煙指吸鴉片，賭指賭博，犯者重罰。贓指貪污，任何人貪污，輕則重罪，重者槍決。欺指欺騙長官，例判重刑。由於以上這些措施，所以可使人民安居樂業。

綜上所述，山西所以有模範省之稱，其來有自。閻氏治晉三十八年來，一面應付由省外加之的各種困境，如袁世凱及北洋軍閥，如民國十九年閻氏被迫參與的中原大戰，如民國二十六年七七事變起的中日大戰，如日本投降後繼之的國共戰爭。他一面埋頭建設，一面被迫參與戰爭。三十餘年來，他在山西的治績，竟能有如此成就，眞不容易啊！

蔣介石領導作風

民國以來，蔣介石委員長無疑是位重要人物。他的領導作風，關係國家治亂安危。從北伐到統一，到民國十九年蔣、閻、馮、李大戰，到七七事變起全國對日抗戰，到日本投降後繼之的國共戰爭，到最後政府被迫遷來臺灣，都是由他一手領導的。下面將這些事實簡要寫出來。

民國十九年蔣中正與閻錫山、馮玉祥、李宗仁的戰爭，雙方用兵之多，戰區之廣，血戰年餘，世稱中原大戰。由於閻馮李的武器不足，財用缺乏，蔣中正買通張學良，突然揮軍入關，抄了閻馮的後路，助蔣一時戰勝，閻乃引退飛往大連，馮玉祥退守西北，李宗仁退回廣西。雙方死傷之衆，消耗財力之多，致使國力大爲衰退，這一戰爭對以後有重大影響。日本原已多年想伺隙侵華，觀此情況更爲積極，兩年後發生九一八事變，日軍突然襲擊瀋陽北大營，這是民國以來日本局部侵華的開始。眼見國難當頭，各方呼籲團結對日，閻錫山遂從大連返晉、馮李亦呼籲應釋前嫌，蔣中正不得已，對閻馮李暫時容忍。剖析十九年中原大戰的起因，是蔣中正宣稱北伐成功，中國統一，不需太多兵力，應該縮編，召開編遣會議，儘量縮編閻馮李及川滇的部隊，但他的中央部隊，很少編遣，因而引起閻馮李等的重大不滿，這是最重要的因素。這一戰爭導致日本野心大發，遂先後於「九一八」及民國二十六年七月七日，展開全面侵華戰爭，我國各方鑒於國難當頭，一致奮起抗戰。蔣氏的做風，仍然是儘量令地方軍隊在第一線迎戰，著名的閻部軍長郝夢齡及西北軍的師長張自忠，爲國壯烈犧牲，就是一例。閻錫山因他的師長李服膺作戰後退，毅然下令槍決，因而晉軍奮勇作戰，平型關一役，獲得大勝，死傷慘重。晉軍先後爲國犧牲者，有師長劉家麒，旅長梁鑑堂、姜玉貞、鄭延年、團長呂超然、陳繼賢、劉良相、石煥然、劉眉生、李曹炳、盧義歐、張培勛等，計在忻口等地大小戰役一萬餘次，傷亡官兵二十七萬餘人。但蔣氏的中央部隊，多佈在第二線及後方。胡宗南擁兵五十萬，佈在陝西黃河沿線，專爲防閻錫山，從未對日軍放過一鎗。那時川軍嚴冬北上，仍穿草鞋及單衣，中央部隊則棉襖棉褲，足著皮鞋，雙方待遇懸殊。蔣氏的這種做法，令人覩之寒心。

我國對日抗戰八年，最初雖因閻馮兩軍奮勇作戰，多次勝利，死傷慘重。其後因日本器械精良，我軍漸居劣勢，不斷敗退轉進，華北及東南各省，先後淪陷。由於日軍好大喜功，竟想獨霸東亞，美國正在調停中日戰爭，日軍竟冒然突襲珍珠港美國軍艦，美國損失重大，因而被迫參戰，對我國助力不小。最後美國以兩顆原子彈，投於廣島與長崎，日本死傷數十萬人，因而被迫投降，我國也獲得勝利。但八年來死傷軍民數百萬人，大部分地區殘破不堪，僅南京一市，被日軍殺害數十萬人，湖南長沙一區，焦土抗戰全市成爲廢墟。國力因而大損，這是慘勝的代價，後來蔣中正寬大爲懷，竟然對日本未索賠償。

多年來中共興起，最初勢力極其有限。蔣中正十年剿共，迫使共軍僅餘三兩萬殘餘人馬，退在陝北一隅之地，情勢岌岌可危。由於中共導演西安事變，於民國二十五年十二月十二日，張學良和楊虎城突然將蔣中正軟禁在西安，世人震驚。張楊所以如此，乃由周恩來幕後指使，目的在要求蔣容共談和，當時國民政府的首要孔祥熙，致電各方請營救蔣委員長，閻錫山爲華北重鎭，張楊當夜急電閻，稱係爲了請蔣容共合作，共同抗日，並無他意。事先閻已猜到背後可能爲中共指使，立即電覆張楊，文曰：

來電均誦忠。環讀再三，驚痛無似。弟有四個問題，質諸兄等：第一、兄等將何以善其後？第二、兄等此舉，增加抗戰力量乎？減少抗戰力量乎？第三、移內戰爲對外戰爭乎？抑移對外戰爭爲內戰乎？第四、兄弟能保不演成國內極端殘殺乎？前在洛陽時，漢兄（指張學良）曾泣涕而道，以爲介公有救國之決心。今兄等是否以救國之熱心，成爲危國之行爲乎？記曾勸漢兄云：今日國家危險極矣，不洽之爭論，結果於國不利，當徐圖商洽。不洽之爭論尚且不利國家，今兄等行此斷然之行爲，增加國人之憂慮，弟爲國家、爲民族、爲兄等，動無限之悲痛。請兄等亮察，善自爲之！

此電由閻的秘書長賈景德起草，文情並茂，傳誦一時。後張楊覆電，極盡強辯能事，並派代表飛抵太原謁閻，祈求轉圜。閻於發出致張楊電後，隨即派趙戴文、傅作義、徐永昌、趙丕廉擬飛陝設法營救蔣委員長，後因傅在綏遠，趙丕廉在在南京（趙時爲閻駐京代表），聚合需時，而委員長已脫險飛京。分析張楊所以最後釋蔣返京，一則由閻錫山急電指責張楊之壓力，再則因史達林急電中共釋蔣，促成容共合作，既解中共困在陝北一隅之苦，又刺激日本認爲國共合作，誠恐中國壯大，因而翌年發動七七事變。史達林以此急電，其利有四：第一、可解中共困居陝北之厄。第二、刺激日本早日發動侵華戰爭。第三、可滅輕日本在東北危脅蘇俄之困。第四、可使中共在中日戰爭中，三分抗日，七分擴展地盤。史達林一電四利，眞近世謀略高手，識者欽佩之至。

當中日戰爭結束時，由於蘇聯背後支持，中共已經坐大，進而與蔣氏爭天下，因而發生國共戰爭。蔣氏的做風仍然令地方部隊迎戰，他的中央部隊在第二線。最後不得已，中央部隊在津浦、淮海一帶幾次大戰，爲中共擊潰，雙方和談不成，共軍渡江，迫使蔣氏先退至廣州，繼轉渝、蓉，最後撤至臺灣。由於李宗仁與蔣氏不和，拒不來臺，幸賴閻錫山深明大義，於極度危難時，拒李而與蔣合作，才得控制臺灣。否則連臺灣也恐不保。

分析蔣氏多年來一貫作風，是氣量狹窄，不能容人，因而不斷失敗。從民國十九年中原大戰迄今，每次失利，均因蔣氏想消耗地方勢力，殊不知合則成功，分即失敗。從中原大戰迄今的多次失敗，影響國家前途眞夠重大啊！

今天我們回想，大陸因何淪陷？是誰的過失？政府因何撤至臺灣？是誰的失誤？如果詳細寫出來，可能寫一本專書，這是研究中國現代史的一個重大課題。本文只是個粗枝大葉，希望專家學人們研究這個問題，寫一部現代信史。

記得胡漢民和汪兆銘，都是中山左右的高層人物，二人均對國民黨有過重大貢獻。但蔣氏特別打壓胡汪二人，胡曾爲蔣囚禁在湯山，汪爲蔣排斥得由渝出走。蔣對胡汪二人尚且如此，豈能容閻、馮、李等人嗎？

附註：本人民國二十五年爲閻錫山機要秘書，二十六年起爲閻之少將駐蓉代表，所述多爲親見所知，並非道聽途說。

日本如何改革圖強

日本自開國以來實行鎖國政策，所謂鎖國就是不讓西方國家來日傳教和經商。但首先打開日本門戶的是美國。一八五三年七月八日下午，江戶灣（江戶，以後改稱東京）突然駛來四艘美國軍艦。軍艦都很龐大，威脅日本開國。名稱是薩斯奎那號（二四五〇噸），密西西比號（一六九二噸），普里茅斯號（九八九噸），沙拉脫格號（八八二噸）。艦上共有六十三門威力很大的大砲，砲口全向陸地，嚇的日本人紛紛走避。由於四艘軍艦艦身都塗著黑漆，所以日本人稱之爲「黑船」事件。

當時日本的船隻無論大小、快速、火力，都不是「黑船」的對手，因此日本人知道只有委曲地和美艦談判。美艦的司令官叫培里（Perry），姿態擺的很高，指明叫日本的最高行政長官談判。日本最初不肯，美艦威脅說，否則只有武力對付。日本見事態嚴重，才由幕府收下美國總統費利摩爾（Fillmore）的國書，內容大意如下：

本人派遣培里總司令率領強大的艦隊拜訪陛下有名的江戶市，目的是：友好、通商，供給煤炭和糧食及保護我國因船隻遇難流至貴國的人民。

美國重要的目的是要通商，開拓海外市場。培里送達國書的七天後，率艦離開日本，臨行告述日本，請貴國鄭重考慮，明年春天再來。給日本一個考慮時間。臨行並在江戶灣放了幾發響徹雲霄的空砲，藉以示威。

日本的天皇多年來並無實權，大權全操在幕府手中。德川幕府此次無法應付美國的壓力，才將事態上呈到天皇，這時天皇才逐漸與聞國事。一八五四年三月三十一日，日本被迫簽訂了「日美親善條約」，主要內容是：(1)日本開箱館（即函館—位於北海道南端）和下田（位於靜岡縣伊豆半島南端）二港，並供給美國船艦在二港的糧食、水、煤。(2)美國派領事駐在下田。(3)美國享有最惠國待遇。

此例一開，英、俄、荷，數國先後對日提出同樣要求。

㈠一八五四年十月十四日，英國派東印度艦隊總司令史蒂林率軍艦四艘赴長崎，要求比照美國簽約。十一月雙方簽訂「日英親善條約」。

㈡一八五四年十一月，俄國派海軍中將普伽琴率艦來日，提出要求，翌年二月雙方簽訂「日俄親善條約」。

㈢一八五四年十月，荷蘭也提出同樣要求，一再催促，雙方於一八五六年一月三十日，簽訂「日荷親善條約」。

經過如此重大的打擊，日本深感必須建立海軍，首先必須建造蒸氣軍艦。帆船軍艦已經落伍，不堪一擊。一八五四年薩摩藩開始建造蒸汽船，根據「蘭學」模仿建造（蘭學即從荷蘭文書所學到的西方智識），結果造成的船艦「旭日號」，下水傾斜，失敗了。後來知道光靠書籍無法造成可用的船艦，決定先向西方訂購蒸汽軍艦。最初

一、向荷蘭訂購二艘蒸汽軍艦。

二、創立西式海軍。

三、請荷蘭提供師資，協助日本建立海軍學校。

何以向荷蘭訂購並請荷蘭提供師資呢？因爲日本在鎖國時期，西方國家只准荷蘭人在日從事貿易。當幕府決定此事後，荷蘭立即答應。因爲那時美、英、俄各國已與日本訂立親善條約，荷蘭誠恐利益爲他國搶去，當即送給日本一艘中古蒸汽艦，名「史泰明號」（後改名觀光號）。日本訂購的二艘蒸汽軍艦，一艘取名「咸臨號」，一艘名「朝陽號」，於一八五七及一八五八年，先後交貨。一八五五年十二月，海軍學校在長崎開學，該校先後開辦了三期。從此日本有了一支海軍，這是薩摩藩決意所爲的。

當日本被美、英、俄、荷各國先後打開門戶後，日本各藩的志士，有的主張增強武力以攘夷，有的認爲那時日本的武力，尤其是海軍，絕對非西方國家的對手。當時日本全國約有二百六十個藩，從一八五三年培里率艦來日，到一八六七年幕府滅亡爲止，出現了幾個「雄藩」所謂「雄藩」，就是㈠必須有經濟實力。㈡必須對西方船艦頻頻來犯有危機意識，積極加強海防，充實船艦。這幾個「雄藩」，計有薩摩藩、越前藩、宇和島藩、土佐藩。此外長州藩、尾張藩、備前藩、安藝藩、肥前藩，也可列於「雄藩」。島津齊彬在幕末各藩中，是最開明最有遠見的藩主。他於一八五一年四十二歲時，繼承父親島津齊興爲薩摩藩主。當時各藩瀰漫著排外攘夷氣氛，島津齊彬則力排衆議，主張開國。他一接任便延聘些著名的蘭學者，從事物理與化學的研究工作。他們根據蘭學，成功的製造出硫酸、鹽酸、硝酸、火藥、玻璃、陶瓷等。一八五二年島津齊彬下令製造反射爐與洋式熔鑛爐，以煉製鋼鐵，用以製造洋式大砲。一八五七年島津齊彬把研究成果，包括研究、實驗、製造，三者成立「集成館」，工作員工達一千二百人。由於島津齊彬深感海防的重要，因此不僅研究，更從事如西方軍艦的建造。島津齊彬從一八五一年繼位起，到一八五八年去世止，在七年中他使薩摩藩擁有全日本最精良的槍、砲、與軍艦，其力量僅次於幕府，雄冠各藩。

日本當年各藩中，多主張攘夷，長州藩尤其激烈。長州藩原本對薩摩藩充滿敵意，後經西鄉隆盛從中撮合及感召，長州藩大大降低對薩摩藩的敵意。後因長州藩陷入困境，薩摩藩伸出援手，從此兩藩結成同盟。長州藩原本強烈主張攘夷倒幕，後因伊藤博文、井上馨等人赴英國留學之後，發現攘夷根本不可能，又鑒於四國聯合艦隊的力量龐大，認爲攘夷之法不切實際，應該從開國倒幕做起。

土佐藩中有一人名勝海舟，他二十二歲便拜蘭學者永井青崖的門下，學習蘭學。培里率艦來訪時，勝海舟上書老中阿部正弘，主張開國貿易，因而受到阿部的賞識，授以高職。一八六〇年幕府爲與美國交換通商條約的批准書，勝海舟率領「咸臨號」護航，返國後於一八六二年升任軍艦奉行（相當於海軍總司令）。

由於伊藤博文、井上馨等人認爲攘夷根本不可能，促成長州藩與薩摩藩軍事同盟，雙方主張開國倒幕。一八六六年三月七日，薩摩藩的代表和長州藩的代表舉行了一次密會，薩摩藩的代表是西鄉隆盛和小松帶刀，長州藩的代表是木戶孝允，中間做證的是板本龍馬，雙方達成六項協議：

㈠長州藩若與幕府發生戰爭，薩摩藩應立即派二千名士兵前往京都，派一千名士兵前往大坂，控制兩地情勢。

㈡長州藩若在戰爭中居於優勢，薩摩應盡量向朝廷說長州藩的好話。

㈢長州藩若居於劣勢，薩摩藩應盡力予以援助。
㈣幕府若於開戰前撤兵，薩摩藩應上奏朝廷，解釋長州藩的冤罪。
㈤如幕府勢力挾持朝廷，薩摩藩應向幕府宣戰。
㈥長州藩的冤罪若得解除，薩長兩藩今後應携手爲振興皇威而努力，效忠朝廷。

薩長兩大雄藩的結盟，對幕府是一大威脅。幕府最初要求各藩共同出兵，討伐長州藩，但各藩多不同意。認爲幕府討伐長州藩，名不正言不順，且出兵需花龐大的軍費。幕府認爲薩摩藩最有實力，派人說服薩摩藩，希望它參戰，但爲薩摩藩拒絕。就在幕府說服不成之際，坐鎭大坂的將軍德川家茂突然因病逝世，年僅二十歲。不久天皇任命德川慶喜爲征夷大將軍，德川慶喜就任後銳意改革，本擬親赴前線征討長州藩，後因獲知戰況不利，乃以德川家茂去世爲理由，請朝廷宣佈停戰，以此爲停戰的台階。一八六七年一月三十日，孝明天皇去世，享年三十五歲。孝明是個頑固的鎖國主義者，他的去世爲力主開國的薩長兩藩一個大好幫助。一八六七年一月三十日，由年僅十五歲的明治天皇繼位，於是日本政局展門一新的局面。

明治天皇就任後，首倡大政奉還論的是土佐藩的坂本龍馬。他的構想有著名的「船中八條」：

㈠幕府將政權交還朝廷，以後改爲朝廷下政令。
㈡設立上下兩議會，以討論議決政事。
㈢延聘優秀的有政治才能的人爲政府顧問，淘汰尸位素餐的官吏。
㈣外交問題應廣徵衆議，並修改不平等條約。
㈤修改日本舊有的法律、制定憲法。
㈥擴建海軍。
㈦成立直屬天皇的御林軍，以防衛京都。
㈧金錢與各種商品的比價，應與外國維持均衡。

由此足見坂本龍馬主張未來日本的政制應該是「君主立憲制」。天皇是國家元首，實際政治中心在上下兩院議會。國家大政方針由上下兩議會議決，交由天皇頒佈施行。

因此坂本龍馬是幕末志士中首先提出建國構想的人。

日本的政權自十二世紀末期，由朝廷落入武人手中以來，到江戶幕府第十五任將軍德川慶喜奉還政權爲止，總共長達七百年。如今，失落了七百餘年的政權，物歸原主。但這種物歸原主並不確實，以後經過多次幕府與王政復古派的藩主戰爭，薩摩藩與長川藩等與幕府德川慶喜的武力迭次交鋒，薩摩藩與長州藩迫使德川慶喜辭官、納地，德川慶喜雖不斷反抗，最後幕府武力一再慘敗，德川慶喜仍然負隅頑抗，直至薩摩藩與長州藩迫使德川慶喜逃離江戶，辭官、納地，一八六八年三月德川慶喜接受七項條件：

㈠德川慶喜退隱水戶藩（因慶喜爲水戶藩前藩主德川齊昭之子）。

㈡江戶城交給新政府。

㈢㈣軍艦與武器全數交給新政府。

㈤原住江戶城內的幕府家臣，全數遷往城外。

㈥寬容處置德川慶喜的親信。

㈦凡不聽幕府命令而仍頑抗者，新政府軍一律殲滅。

至此統治日本二百六十五年的德川幕府，名實俱亡。德川慶喜獻出江戶後，其領地俸祿被新政府縮減成七十萬石。

九月三日天皇下詔書，將江戶改名東京，翌年，一八六六年四月，天皇從京都遷至東京。從此東京遂爲明治政府的首都。當時名義上明治天皇雖然統治了日本，實際明治能直接支配的土地，只有八百萬石。剩下三千萬石土地，仍掌握在各藩主手中。後經討幕有功的大久保利通（薩摩藩）、木戶孝允（長州藩）、坂垣退助（土佐藩）、大隈重信（肥前藩）、四人分別說服自己的藩主，將土地交給天皇，天皇乃廢藩置縣，仍以原藩主爲縣知事。當一八六九年三月，薩、長、土、肥、四藩連署上表「奉還版籍」後，其他各藩也相繼照辦。同年七月二十五日，明治天皇任命二七四藩主爲原藩知事，但不再世襲，明訂知事的俸祿，爲各該藩稅收的十分之一，各藩藩士的薪俸，不再由藩主支給。顯示藩主與家臣的關係從此斷絕。

一八七一年四月，明治天皇又令薩、長、土、三藩提供八千多名步、騎、砲兵給朝廷，作爲天皇的「御林軍」。是年八月二十九日，明治天皇又下令將舊藩知事，全數罷免，並強迫遷往東京居住，以防他們在舊藩作亂。

明治政府於一八六八年推翻幕府，於一八九一年消滅了藩，德川家康建立的幕藩體制，至此完全根絕。這時日本才眞正統一，建立名實皆全的中央政府。日本眞正統一建立了中央政府後，明治天皇便銳意革新，大量延聘西方的專家學者，派遣留學生到西方先進國家學習，派遣政府官員到西方各國考察，全力引進西方文明。

一、富岡製絲廠的興建

日本自從一八五九年開國以後，到昭和初期七〇年間，生絲一直是最主要的出口品，以賺取外匯。沒有外匯便無法向西方各國購買機器、原料及軍火。一八七〇年明治政府聘了一位法國的製絲專家，名布魯納特（Paul Brunat），替日本建立了廣達一萬五千六百坪的製絲廠，取名「富岡製絲廠」，其機器全從法國購買的。先由法國女工教導示範。一八七三年該廠的女工約四百餘名，七年後培養出三千多名製絲女工。其後民間也紛紛設立製絲廠，一八七六年日本的製絲廠，增至八十七所，一八八二年增至一千餘所。一九〇三年日本遂成爲全世界最大的生絲出口國。

二、創立工部大學

一八七二年伊藤博文（時爲工部大輔—即工部次長）在倫敦認識了英國格拉斯哥大學的土木工學教授蘭克（Joseph Arrhur Rank），請蘭克介紹幾位工科的學者前往日本，協助日本建立一所工科大學。蘭克推薦他的得意門生戴爾（Henry Dyer）及八位助教，於一八七三年七月抵達日本，在戴爾等人的精心設計下，爲日本建立了全世界最優秀的工部大學。工部大學設有土木、機械、電信、建築、化學、冶金、鑛冶、造船各科。這所大學所有的課程，全用英文授課，學校的建築及一切設備，全爲英國式。工部大學培植出的學生，後來在日本工業界多爲領導人物。

三、興建鐵路

(1)一八七二年十月，建築從東京到橫濱的鐵路完工，約長二十九公里。

(2)一八七四年五月，建築從大阪到神戶的鐵路完工，約長三十四公里。

(3)一八七七年二月，建築從大阪到京都的鐵路完工，約長四十二公里。

以上三路都是聘請英國技師，用英國技術完成的。

(4)一八七八年八月，完全由日本人自己修築成從京都到大津的鐵路，長約十八公里。

日本人開國自強，都是先引進西方技術，然後學習得經驗，以後即與西方並駕齊驅的。

日本人派遣留學生到西方學習，在幕府末期已經開始，人數約有一百五十人。有幕府派遣的，有各藩派遣的，各藩之中以薩摩藩派遣的最多，其次是長州藩。薩摩藩的藩主島津齊彬思想最開明，他本已決定大量派遣留學生出國，但因忽然病逝，後由五代友厚建議繼任藩主，於一八六五年四月派遣一批留學生約十五人，赴英國留學。其次是長州藩派遣留學生較薩摩藩早二年，但人數較薩摩藩少。一八六三年六月，長州藩派遣五名留學生往英國，他們是：井上馨、山尾庸三、井上勝、伊藤博文、遠藤謹助。他們一行經過一百三十餘天的海上旅途，於十一月抵達英國。先聘良師教他們英文，然後進入倫敦大學就讀。井上馨與伊藤博文攻讀軍事、政治與法律，山尾庸三等三人讀理科。假期他們便一同參觀英國各工廠、造船廠及海軍各種設施。不過井上馨與伊藤博文只讀了半年，便因要事返回日本，但他們已經深切瞭然攘夷是一條愚蠢的路，日本欲想開國圖強，必須學習西方的科學與技術。後來井上馨與伊藤博文，在明治政府中都任要職，井上馨歷任大藏大輔（財政部次長）、工部卿（工業部長）、外務卿（外交部長）、藏相（財政部長）。伊藤博文歷任工部大輔、工部卿、內務卿於一八八五年任總理大臣，其後又擔任過三次總理大臣。

澁澤榮一是日本明治期間企業界的龍頭。他一生所參與興建的事業，有銀行、海運、鐵路、造船、煉鋼、造火車、造汽車、造水泥、造鐵、造紙、造絲、造汽車、建築、航空、化學、紡織等，他所參與的公司，有五百家之多。

明治政府最初大量派遣海外留學生，後因開支浩大，不勝負荷，乃取重質不重量之策。一八七五年明治政府派遣官費留學生，必須：㈠先經留學考試，㈡派遣海外留學生監督，定期向各部省報告留學生成績，㈢官費留學生所支用的費用，將來學成後必須償還。

明治政府先於一八七一年十二月，派遣了由四十六名政府官員組成的使節團，前往歐美各國考察，其中有三條實美（太政大臣）、岩倉具視（右大臣）、木戶孝允（參議）、西鄉隆盛（參議）、大隈重信（參議）、板垣退助（參議）、大久保利通（大藏卿）、副島種臣（外務卿）、伊藤博文（工部大輔）。這個使節團考察的國家，有美國、英國、法國、比利斯、荷蘭、德國、俄國、丹麥、瑞典、義大利、奧地利、瑞等十二國。其考察要點是：

㈠各國政治制度的理論與實際運作狀況。

㈡各國教育制度及其實際運作狀況。

㈢各國海陸軍制度及其實際運作狀況。

(四)各國經濟財政有關法規及其實際運作狀況。

他們到達各國後，儘量研究吸收各國的進步政策與經驗。當到達舊金山後，伊藤博文因爲會說英語，他代表考察團發表講演，公開承認日本人民在數千年專制政治壓抑中，只知服從，不知有思想自由。現在他們已經知道過去的錯誤，希望吸收西方的自由思想，學習西方的精神文明與物質文明。

這個考察團共考察了十二國家，滯留在美國二〇五天，英國一二二天，法國七〇天，德國三三天，瑞士二七天，意大利二六天，俄國一八天，奧大利一六天，荷蘭一二天，比利時與瑞典各八天，丹麥五天。他們每到一地，儘可能參觀各種建設、展覽，盡量蒐集資料。一八七三年七月，他們從法國馬賽港啓程，航向歸途。花了一年又九個月時間，考察了十二個先進國，可謂滿載而歸。

何以日本能轉弱為強？而中國不能？

分析日本所以能轉弱爲強，主要是能拋棄過去，積極學習西方先進國家的政制、經濟、軍事、科學等各種優點，勇往直前。中國何以不能轉弱爲強，主要是保守過去，不學新知，甚至反對西方新知。即使在清朝末年，少數人主張維新，亦只是認西方只有船堅砲利，其他皆不足取。日本自十二世紀末期，政權落入武人手中，到江戶幕府第十五位將軍德川慶喜奉還大政爲止，長達七百餘年，朝廷忍辱偷生。但自一八六八年幕府奉還大政於明治天皇，一八七一年明治政府廢藩置縣後，只十多年日本便成爲世界強國之一。明治政府這種轉弱爲強的積極做法，眞令人欽佩，值得學習。尤其我們老大的中國，萬不可再故步自封。

新加坡如何改革圖強

一、新加坡被馬國排出及依靠英國的經過

新加坡是東南亞最小的國家，它原是馬來西亞的一部分。一九六五年八月九日，新加坡被馬來西亞總理東姑拉赫曼排出馬國，當時李光耀是人民行動黨的領袖，痛苦的不斷流淚。脫離大馬後，新加坡於一九六五年十月加入英聯邦，一九六六年一月在紅山區舉行議會補選時，人民行動黨獲得總票數八〇%，以後每次補選，均得高票。可是英國政府於一九六八年宣佈，將在一九七一年三月三十一日前，把在蘇伊士運河以東所有的英軍撤回本土。李光耀深知此舉對新加坡的經濟和政治會發生重大影響。因爲英軍駐在新加坡，有英軍保護，不必擔心蘇聯和越南的軍事威脅，新加坡可以安定進行經濟建設。而且英軍駐新其

開支費用，可佔新地的國民經濟生產總值的二〇%，並提供三萬個就業機會。李光耀因此請求英軍緩撤，英國實已無力經營，幾經交涉，英方只允延在一九七一年十二月三十一日撤軍。從此以後，新加坡一切都要靠自己了。一九七二年九月重新大選，人民行動黨席捲全部六十五個議席，得票率爲六九%。以後即全靠自己努力奮鬥。

二、人民行動黨的成立及李光耀如何領導該黨奮鬥

一九五四年十一月二十一日，人民行動黨宣佈正式成立，約有一千五百人出席大會，多數是男性。人民行動黨發起人，有十四人，其中包括兩名律師、兩名記者、兩名教師、一名大學講師和七名工會運動工作者。這些發起人大多坐在主席台上，如李光耀、杜進才、拉賈拉南、沙末、依斯邁等。但吳慶瑞和貝恩，則混在台下的人群中。因爲他兩人是當時殖民政府的公務員，依規公務員不能參加政黨。李光耀在大會上發言，宣佈人民行動黨要使成年人都有投票

權、工作權，經濟上得到充分報酬，廢除社會財富分配的不公平等。對沒有工作的人，給予社會保障，促進民族團結。由於李光耀等的不斷奮鬥，一九五八年英國殖民當局核准「新加坡自治方案」，同意新加坡於一九五九年大選後，從半自治狀態變爲自治。但英方保留國防、外交、修憲和頒佈緊急狀態法令之權。一九五九年，新加坡的政治形勢對人民行動黨和李光耀非常有利。當時由林有福領導的政府，在民間已失去信心，所有組織完善的職工會，都支持人民行動黨，連共產黨領導的工會，也支持人民行動黨。就在這種情勢下，人民行動黨派出五十一名候選人，參加新加坡五十一個選區競選，結果贏得四十三席。同年六月，由人民行動黨組織政府。當時英國已允許新加坡成爲完全獨立的自治邦，自治政府的首腦，稱爲總理。李光耀以人民行動黨秘書長的身份，擔任總理。那時他才三十五歲。是世界上少有的年輕總理之一。

三、李光耀治理新國的重要政績

㈠李光耀崇尚儒家思想。他教導人民要忠、孝、仁、愛、禮、義、廉、恥，即所謂「八德新義」。他教導人民忠於國家，孝敬長上，仁民愛物，廉潔有恥，分外之財絕不可想。但他治理新國，則用法家做法。正如諸葛亮治蜀，諸葛做人是純儒，但治蜀則用法家做法。李光耀治新執法甚嚴，任何人犯法，雖政府要員亦必處以嚴刑，絕不寬縱。如有一政府中的次長，接受印尼商人贈送飛機票，他下令收押辦罪，絕不寬容。又如一九九六年有一美國人在新犯罪，依法應受鞭刑，雖經美總統柯林頓專電求情，李光耀仍然依法執行，舉世聞之欽佩。㈡在內政方面。李光耀要使人人受教育，人人有工作，戶戶有屋住。新加坡的語言，以英語爲主。次則華語、馬來語及其他東南亞的語言，都可並行。新加坡的中國人，佔百分之七十，李光耀教導中國人，他們是新國人，不是中國人。新加坡鼓勵華人和馬來亞人團結，宗教信仰無限制。工作機會一律平等。最值得李光耀自負的，是「公積金制度」和「居者有其屋」。李光耀一向認爲公積金制度和解決人民住屋二者，是促使新加坡政治穩定、社會進步及經濟發展的重要因素。他曾說：「居者有其屋和公積金存款是確保我國政治穩定的因素。

它把新加坡人民的命運和國家的命運緊密地聯結在一起。」

什麼是「公積金制度和居者有其屋」呢？簡單說，公積金制度是一種強迫人民儲蓄的制度。政府設立「公積金局」，規定任何一個受薪者，不論民營機構或政府公務員，每月工資必須扣除一定比例，雇主（私人企業或政府部門）也須按雇員或受薪者的工資，比例每月拿出一筆錢，存入公積局。依照新加坡經濟發展的速度，政府可按受薪者待遇提高的比例，調整其繳納的數目。但每月收入低於二百新幣者不扣除，由雇主替其繳納應繳數目。並配合「居者有其屋」政策，政府允許公積金會員，可提取存款購買政府建造的廉價「組屋」。

新加坡人民以前住屋極其簡陋，昔日被視爲世界著名的貧民窟，但在李光耀執政的努力下，現在已有85％居民擁有自己的房屋。依照李光耀及其新一代領袖的計劃，於二〇〇〇年時，新加坡人可100％擁有自己的房屋。新加坡是世界人口最稠密的地方，在六二〇平方公里的土地上，居住著二六〇萬人口，平均每平方公里，居住四二〇〇人。因此李光耀於一九六〇年成立了「建屋發展局」，負責統籌建屋事項，賦予計劃、經建、管理公共住屋的權力。截至一九八五年，已建成近六〇萬套住屋，解決了近80％人口的居住問題。預計在一九九〇年前，再建十三萬一千套住屋，截至一九八九年上半年，已有87％人口住進了「組屋」，可說已解決了90％人口的住屋問題。公積金制度不僅可使新國人民提款購買政府建造的廉價「組屋」，並可提款購買政府發行的公債。如此更可用於多種用途。

新加坡脫離了英國保護後，李光耀認爲必須自己建軍。吳慶瑞是新加坡武裝部隊的創建人。一九六五年八月新加坡脫離馬來西亞成爲一個主權獨立國家後，需要有自己的國防力量，吳慶瑞受命爲國防部長，籌劃並建立新加坡的國防力量。當時新國的人口有二一〇萬至二二〇萬。吳慶瑞原僅做過志願軍的下士，那是他僅有的軍事經驗，但他苦心研究，瞭解了以色列制度、瑞士制度、瑞典制度，最後制定了自己的制度。他提出了實行普遍徵兵的國民兵役制，制定了「人民衛國軍法案」。經過十五年的努力，新加坡已擁有一支現代化軍隊——三萬常備軍，二十五萬後備軍。這支武裝部隊，不僅是新加坡的國防力量，也是培養新一代人才的訓練所。如現任貿易及工業部長的李顯龍，財政兼外交政務部長的楊榮文，都是來自武裝部隊的，現在都身負重任。吳慶瑞是個人才，他辭卸國防部長後，又任副總理兼教育部長，改革教育。他知人善任，經他推薦的「菁英」不少，如已故的財政部長韓瑞生，原國家發展部長林金生等，都對新加坡建設有過相當大的貢獻。自一九六一年八月起，吳慶瑞一直擔任黨副主席，一九八一年一月，吳讓出黨副主席職務，只任中央執行委員，一九八二年十一月改選後，他又退出中央執行委員，成爲一個普通黨員。吳慶瑞先後對新加坡有過重大貢獻，又不重名位，所以他退出政壇後，李光耀如失臂膀，曾寫一封謝函，對吳大爲讚揚，認爲他是新加坡建國以來的棟樑，極爲感謝！

㈢在外交方面。李光耀採取的是「不結盟、睦鄰爲主」政策。⑴他認爲中國（指大陸）是東協地區的穩定因素。中國興起可制衡蘇聯，他多次訪問大陸，會見毛澤東等，與中國建交，但與臺灣也保持實質關係。⑵他認爲美國不應從東南亞全面撤退，爭取美軍留駐東南亞。他曾多次訪美，並在美國國會講演，促使美軍留駐東南亞。⑶新加坡雖然已非英國自治領域，但李光耀與英聯邦仍然保持密切關係。⑷李光耀也重視日本。雖然二次大戰時，日本侵佔新加坡，持續了三年又八個月的血腥統治，數以萬計的新加坡人慘遭殺害。可是由於戰後的實質利益，李光耀認爲日本的科技，是世界上第一流，在日本對新加坡賠償了二千五百萬美元後，新日關係恢復正常化。李光耀曾經訪日，受到最高禮遇，日本天皇親自接見。以後新加坡的工業化，受到日本的幫助不少。一九八八年日本對新投資總額達三十三億美元，日本也是新加坡的第四貿易夥伴國。一九八七年雙方的貿易總額達九十八億美元。(5)由於雙方的實質需要，新加坡與馬來西亞在工業也互惠。如新加坡在馬來西亞投資食品工業，如養蝦、養螃蟹等，雙方同意由柔佛州向新加坡提供飲用水，並研究由馬來西亞東岸把天然瓦斯輸送到新加坡，以及於新加坡與吉隆坡間提供穿梭不停的班機服務等。新加坡與印尼也逐漸進行經貿互惠。

總之：李光耀在對美國、英國，尤其對中國的重視，其用心是如此可以制衡蘇聯。對日本、馬來西亞、印尼等國的關係，著重在經貿及技術互補。李光耀目光如炬，無論在政治、經濟、外交各方面，都爲新加坡爭取到重大利益。所以在他執政三十餘年中，使新加坡聲譽日隆，世界各國都稱之爲小國的大政治家。李光耀在將新加坡治理的聲譽日隆時，同時已培植了第二代接班人，他將總理讓給吳作棟，自己退爲高級資政。他也不做培植兒子繼承的愚蠢作風。李光耀眞是一個功業顯赫品德高尚的政治家啊！

如何使臺灣轉危為安？

幾次我從國外回來，看到臺灣潛伏著種種危機，略爲：㈠教育失敗。由於教育失敗，衍生出好多政治人物只懂爭權奪利，置國家安危於不顧。㈡司法失敗。由於司法失敗，致作姦犯科及姦淫搶刼之徒公然爲之而不懼。㈢外交失敗。由於外交不務實，主持者好唱高調，往往使國人懸一種空想，以爲我們在國際上可與中共分庭抗禮，事實上大多失敗。㈣對兩岸談判，太過迂迴曲折，致費時多而成功少。這些都隱藏著危機。

何以說我們的教育失敗呢？多年來我們的教育不講做人，校園裡偶爾懸個「禮義廉恥」匾額，師生們多視若無睹，教師們不以身做則，學生們因而無由取法。我們大專學校的教材，十之八九抄自西方，不錯，西方的科技誠可取法，其他則未必盡然。以政治學爲例，我們抄的是如何普選，如何制憲，如何由政黨組織政府等等，西方的政治學很少講如何始能培植出一些大公無私忠心謀國的人，這是最大缺點。因此我們開放政權實施普選，屢傳有以金錢買票而當選者，即所謂賄選，因而登庸者多貪鄙之輩，正人君子只好望而卻步。時下有人謔稱金牛當選，既然以鉅金賄選得來，當選後當然爭權奪利，很少爲全民謀福利的，言之令人痛心。推本窮源，歸咎於我們的教育失敗。

何以說我們的司法失敗呢?不錯，司法界有些法官公正無私，可是有些法官貪贓枉法。有一律師曾感嘆地和我說，貪官們不僅向涉訟人要紅包，有時也向律師要好處，如拒則你這官司一定失敗。有些殺人越貨的江洋大盜，爲警方千辛萬苦好不容易捕獲，送進法院，久不宣判，最後則由死罪減爲無期徒刑，又由無期減爲數年，甚至藉故假釋了。何以如此呢?那就是紅包作祟。因此警方非常灰心，常有我們冒萬死一生之險捕到匪徒，他們不久便輕輕地放人了之嘆。因而做奸犯科及姦淫搶刼之徒公然爲之，並無所懼。由於司法界少數貪墨者所爲，致使國人對司法界印象不佳，認爲千萬不可涉訟，因爲涉訟如不送紅包，縱然有理也難免敗訴。這是我們司法失敗的主因。

何以說我們的外交失敗呢？外交必須以國力爲後盾，我政府退居臺灣前後，好多國家和我們斷交，紛紛與中共建交，何以故？因爲中共控制了大陸，而且很快進了聯合國，成爲五常任理事之一。四十多年來我們殷望我全臺同胞能莊敬自強，發憤有爲，使世界各國能再和我們復交，並使我們再進聯合國，但是，談何容易。截至現在，世界各國和我們有邦交的，爲數有限，而我外交部動輒宣稱要使我國進入聯合國，迄今無法兌現，這是不負責任的說法。何以故？如果我國要再進聯合國，據我所知，第一難關就是中共擁有否決權，它可以否決。退而求之，如有聯合國會員國三分之二，或至少過半數國家支持我們，也是一條進入途徑，但是，聯合國會員中和我們有正式邦交的，爲數甚少，這又不得其門而入。除此以外，我不知道我外交部有何方法可使我國進入聯合國？如果只是口頭說說，這是不務實的做法，使國人一直懸一空想，這豈非我們的外交失敗？

何以說我們兩岸談判，太過迂迴曲折，以致費時多而成功少呢？談到兩岸談判，數年來我們一直堅持政府對政府談判，中共不同意，它主張「一國兩制」，且不放棄必要時動武。繼而我國主張「一國兩地區」，表示兩政府同等，中共不同意。以後則雙方成立海基會和海協會，避免兩政府直接談判，因而費時多而成功少。中共領導人江澤民曾經宣稱，希望兩岸高層能坐下來談，不預設結論，骨子裡就是黨對黨談判。我認這是一個可考慮的辦法。數十年前，中共在延安已經成立邊區政府，從未要求和我中央政府直接談判，那時中外皆知是國共兩黨談判。那時中共的首席代表是周恩來，我當時是閻司令長官錫山的駐蓉代表，經常在蓉渝兩地與各黨派接觸，記得有一次我問周恩來說：「你們是政府對政府談？或黨對黨談？」他說：「當然是國共兩黨談，邊區政府相當一個省級政府，不能和中央政府對等談。」我想起周恩來這幾句話，認為今天的兩岸地位，與那時的情況相似，江澤民的這一段話，我方似應考慮考慮。

由於以上所述，因此我建議：一、我政府應該致力於教育改革，這是百年大計，教育改革中應以人格教育為優先。即訓練學生如何才能做個堂堂正正的人，一旦從政才能公而無私。二、我政府應該致力於司法改革，如何改革？治亂世用重典，任何人犯法，均量刑從重，法官貪贓，更加重其刑。三、我政府應該致力於外交改革，外交部不可唱高調，如只空談大言而無實效，應輕則免職，重則治罪。四、我高層應考慮兩岸談判，雙方高層坐下來談，未來其勢不免。如何談法？不妨採取聯邦制或邦聯制，一次無結果，繼續再談，三次五次，可使雙方盱衡大勢，瞭然必須採此途徑，才可得到結論。萬一仍談不攏，仍如現勢，又有何害？

以上教育司法兩項改革，是爲長遠計，必須如此才能化險爲夷。外交改革和兩岸談判兩點，是針對現勢認爲必須如此，才能轉危爲安。前者是隱憂，後者是近慮，何謂近慮？如果我們堅拒兩岸高層坐下來談，久久很可能招致對岸動武，這是不可不慮的。這些淺見是否過慮，敬請國人指教！並希高層猛省。

美國的遠東政策

一、美國國勢及其外交政策的發展

一國外交政策的制定與演變，往往隨其國力的伸縮變化為轉移。一個大國的外交政策，誠然應該擁有崇高的理想與深遠的目的，但如其國力不足與其理想及目的平衡配合，仍然是紙上談兵。外交政策貴乎實現，實現則必有賴於足夠的力量與執行，所以一國國勢與其外交政策的形成息息相關。任何違反這一平衡原則的外交政策，都是不健全的，在執行中必將發生嚴重困難。美國自然不能例外。

美國外交政策的精神，據一九五二年一月三十日美國務院發表的專冊闡述，指出其重要原則有五：㈠美國一定要保證國家的獨立與自主；㈡美國決意要維持個人的自由；㈢美國希望世界各國都能放棄以戰爭或戰爭的威脅爲其政策的工具；㈣美國從來沒有傳統的敵國，願意以睦鄰方式與其他國家解決一切問題和歧見；㈤美國人民相信正義，認爲衹有建立在正義上的和平，纔能成爲持久的和平。這些原則似乎太嫌抽象。外交史家貝米斯（Samuel Flagg Bemis）曾經分析美國的外交政策，他指出在二次世界大戰以前，美國外交政策有十四個基本原則：㈠主權獨立，維護自由人的權利；㈡海上自由；㈢通商及航行自由；㈣不參預歐洲政治軍事的一般糾紛；㈤領土不割讓；㈥大陸上的發展；㈦民族自決；㈧歐洲各國不得在新大陸實行殖民地政策；㈨不侵略；㈩脫離及加入國籍的權利，不得強迫；⑪取締非洲販奴；⑫泛美主義；⑬國際仲裁；⑭反對帝國主義。這些原則固然相當具體，但仍未能明晰指出其歷史的發展。

研究美國的外交政策，必須從其自然環境與國勢變化中檢討其趨向。美國原爲一片處女地，蘊藏極富，而人煙稀少，雖有土人，而不足爲殖民者的阻礙。雖有法西等國與英殖民地競爭，但無嚴重的社會思想傳播其間。美國人祇要墾殖，就可獲得土地；祇要開鑿，就可據得礦區；祇要經營，就可建立工廠，很少遇到干涉。美國人所以容易致富，固然賴此自由環境之賜，所以愛好自由，也係由這環境中產生沿襲，而形成一種優良傳統之故。所以美國外交政策之應該包括維護自由，這是先天的，完全是環境使然。

從歷史上看美國外交政策的演變，大致可分四個段落，也可說四大指導原則。現在分述如後：

㈠孤立主義

這是歷時最久而且最有勢力的一個。美國從獨立（一七七六）迄今纔僅二百餘年，在獨立之初，邦基未固，爲防牽入國際戰爭，歷屆總統嚴守孤立主義，決不與任何國家訂立糾纏的同盟。華盛頓（George Washington）在一七九六年九月七日的告別詞裏曾經諄諄告誡說：「歐洲有它的主要利益，這些對我們可以說沒有關係，或祇是很疏遠的關係。」又說：「這是不聰明的，美國如果由於人爲的聯繫和歐洲國家發生特殊的友誼或仇恨心理。」因爲當時由於法國革命以及革命戰爭所引起的情勢，正使美國人的心理分裂爲親法或親英的兩大陣營。華盛頓主張「我們的眞正政策是要避免對任何國家的久永同盟」，這是孤立主義的最早依據。哲斐遜（Thomas Jefferson）總統也曾同樣主張美國不應有與外國聯盟的牽制。這些遺訓，以後被引伸爲一個原則，即所謂孤立主義。這一原則支配美國外交達一個世紀（一七九六—一八九六），恰爲從華盛頓卸任到麥金萊（William Mckinloy）就任以前的一段時間，其餘波直至威爾遜（Woodrow Wilson）時代還深受其影響。第一次世界大戰後美政府參加國際聯盟而爲國會否決，就是證明。

㈡門羅主義

這是孤立主義的擴大。美國獨立戰爭打了七年，一七八三纔與英國簽訂和約，當時幅員限於十三州。從一八〇三年起開始從原有的土地向西擴展，這一年從法國手中購進路易斯安那，增加了一大片土地，一八一九年使西班牙放棄佛羅里達半島，領土日漸擴大，雖然如此，但國力仍然有限。一八二三年歐洲神聖同盟因圖粉碎西義等國的民主運動，擬派兵至南美，迫使各小國對西義仍然効忠，並藉此向美洲插足。兼以俄國要求阿拉斯加以南的土地，美俄在太平洋西北部的權益，衝突正烈。當時美國自極不願歐洲列強干涉美洲，正感力量孤單，適逢英國爲阻止神聖同盟勢力向大西洋彼岸發展，兩國利害相同，英國外相肯寧（Canning）因此勸告並支持美國採取對策，美總統門羅（James Monroe）經過愼密考慮，乃於翌年（一八二三）十二月二日宣佈兩項原則：一、美洲大陸不容任何歐洲國家殖民，二、歐洲國家不得干涉美洲國家的一切事務，即所謂門羅主義。這一宣佈，無異將美國一國孤立，擴大爲一洲孤立，並使美國以保護者自居。這一政策的得以貫徹，後來發展爲一項基本原則，實有賴於英國的強大海軍的協助，這是美國外交運用的一大勝利。

㈢門戶開放主義

美國從此時期開始纔過問世界事務。從一八二三年後，美國國勢步步進展，一八四五年合併德克薩斯；一八四八年戰勝墨西哥，割併加利佛尼亞與新墨西哥，版圖日益擴大。一八六七年購進阿拉斯加，美國的西北邊境遂與俄日兩國鄰近。一八七八年以後積極向太平洋及東亞發展，一八九三至一八九八年經營夏威夷群島，一八九八年擊敗西班牙，合併菲律賓、關島及波多黎各，美國勢力遂深入中西太平洋，與中國大陸遙遙相望。美國至此已成爲一個大國，已有向世界說話的資格。正當這時，中國方被列強開始瓜分，英、俄、日、德、法先後攫得不少特殊權益，列強在華各自形成勢力範圍。美國爲圖打破列強經濟壁壘，保護其商務利益，因此採取一種政策，其經過大略如下。一八九九年九月美國務卿海約翰（John Milton Hay）通牒對華有關各強國，要求在其勢力範圍內不徵收特別關稅、港口稅及鐵路稅，即要求經商機會均等，並表示美國決無意干涉列強的勢力範圍，亦即承認現實狀態。英俄首先提出保留條件，其他各國亦多模稜兩可，雖然如此，海氏仍於翌年發表宣言，宣布對華門戶開放政策已被列強接受。一九〇〇年因中國義和團事件，爆發了八國聯軍入北京的災難，美國在致聯軍各國的照會中，更進而主張維持中國領土及行政權的完整，先後構成兩項原則，這就是所謂門戶開放主義。這兩項原則，以後被稱爲美國遠東政策的有力基石，但因美國始終不能採取有力的行動，以後半世紀來屢屢遭受挫折，實爲美國外交政策的一大失敗。

㈣海上自由主義

也可說成是門戶開放主義的擴大。美國在一八六一年南北戰爭以前，爲一農業國家，南北戰爭後，因戰時工業的發展與自然資源的開發，促成經濟革命，開始走向工業國家的道路，奠定現代美國的基礎。工業國家必須向外發展貿易，發展貿易則必須取得海上自由，這是自然趨勢。一八九八年的美西戰爭，既使美國走向世界強國之途，美國向全世界發展貿易，因此愈感需要。一九一四至一九一八年由於德國破壞海上自由，防礙世界貿易，美國因此參加第一次世界大戰。一九三九至一九四五年由於德日義破壞海上自由，防礙世界貿易並威脅美國的安全，美國因此參加第二次世界大戰。威爾遜與羅斯福在兩次大戰中所宣示的戰爭目標，雖極冠冕堂皇，但骨子裏美國的目的在打倒世界獨霸者，恢復海上自由。這一原則雖未由美政府明白宣示，不過從近五、六十年來美國的種種行動來研究，大體不會錯誤。

由以上四大原則來看，美國歷史上的外交政策，有時是成功的，如門羅主義、如兩次世界大戰時的海上自由主義，主要是因爲力量（包括與國）與理想能夠平衡配合。有時是失敗的，如門戶開放主義，其癥結就因爲美國始終不能以足夠的力量與理想配合。尤其是最近十一、二年來，像尼克森、季辛吉之流，異想天開，居然想利用中共對付蘇俄，以維護美國在遠東的利益及其世界地位，十足暴露了美國的國力日削，國勢日下。時至現在，美國的外交政策，已談不到理想，更無所謂指導原則，祇是枝節應付而已。

二、近百年來美國遠東政策的演變

美國的遠東政策，實際就是對華政策。美國對華政策的具體建立，自應以一八九九年美國務卿海約翰宣佈的門戶開放政策爲開始，但在此以前，中美邦交已經建立了五十餘年。中美正式通商，始於一八四四年的望廈條約，從一八四四年迄今，已達一百三十九年的歷史。在這一百三十餘年中，美國對華政策一直建立在兩大基石上，就是第一、經商機會的均等，第二、維持中國領土行政的完整與政治獨立，這兩項原則是相輔而行的。美國對華政策的精神，很顯然是經濟性的，它沒有領土野心，這是它贏得中國人好感的主要因素。在一九〇〇年以前，美國對華政策的重點，是爭取經商機會的均等，從一九〇〇年起，它纔進一步強調維持中國領土行政的完整與政治獨立，從這裏看，美國遠東政策的形成，是隨著它的國力擴張而發展的。

檢討近一百數十年來美國遠東政策的演變，應該根據其國力的變化分段來看。從中美邦交開始迄今，大致可分六個段落，現在分別扼要敍述如後：

(一)初期的美國遠東政策

從中美開始通商到美西戰爭結束，可以劃一段落（一八四四—一八九八），這一段落美國的遠東政策，旨在獲得經商機會的均等。美國甫經獨立，即有向東方發展貿易的意向，一七八四年就有美輪「中國皇后號」（Empress China）從紐約裝載貨物到過廣州，一七八九與一七九一年美國會先後通過優待鼓勵美商對華貿易的法令，一八三二年美國派羅勃特（Robert）爲考察印度專使，一八四四年美國派公使寇興（Caleb Cushing）與清廷簽訂中美通商條約，一八五三年美國派提督柏利（Commodore Perry）打開日本的門戶，凡此足見美國的意向。從一八四四年到美西戰爭以前，美國與中國簽訂過三個重要條約，就是一八四四年的望廈條約（中美五口貿易章程），一八五八年的天津條約，一八六八年的蒲安臣條約（Burlingame Treaty）（中美續增條約八款），其以蒲安臣條約爲最公平友誼，其他兩約對我國均極不平等。美國在華取得經商、居住、領事裁判權、宗教活動、關稅限制以及其他各種權利，實由這兩約奠定其基礎。一八四四年美國尚未合併德克薩斯，國力原本有限，然而它所以能在中美第一個條約（望廈條約）中即取得最惠國條款待遇，適因當時正值中英鴉片戰爭之後，爲一有利時機。一八五八年中美簽訂天津條約時，又適在英法聯軍攻陷大沽口之前，美國外交政策運用的得法，實爲一大因素。不過大體而言，初期的美國遠東政策，僅圖對中日兩國發展貿易，其對華態度，除了獲取商業上及其他特權外，並不欲捲入列強的政治漩渦，所以列強兩次對華戰爭（鴉片戰爭與英法聯軍之役），美國都未參預。這一段落，可謂美國對華爭取通商發展貿易時期。

(二)門戶開放政策的建立時期

從美西戰爭結束到第一次世界大戰結束，可以劃一段落（一八九八－一九一八），這一段落的美國遠東政策，是經商機會均等與維持中國領土行政完整的兩項原則的建立，亦即門戶開放政策的具體建立時期。美國在美西戰爭以前，無力他顧，從一八九八年戰勝西班牙，開始進入世界舞台，這時正是中國多事之秋。由於甲午一戰（一八九四—一八九五），使中國的弱點暴露於世界，列強爭相在華攫取權益，當時的情形是：俄國取得經營東三省的鐵路與採礦權，租借旅順大連灣，並以東北爲其勢力範圍。英國取得華北與華南的採礦築路等特權，租借威海衛與九龍，並以長江流域爲其勢力範圍。法國取得滇越鐵路延伸及其他特權，租借廣州灣，並以西南及海南島爲其勢力範圍。德國取得山東境內特權，租借膠州灣，並以山東爲其勢力範圍。日本除了割據臺灣澎湖及其他戰勝果實外，並以福建爲其勢力範圍。這種情勢，對於美國的經商機會均等政策，實在不利。因此美國務卿海約翰於一八九九年通牒對華有關各國（俄英法德日意），提出三點要求：

1. 對於各國在中國所獲的利益範圍，或租借地內的條約港或既得權，不加干涉。

2. 各國範圍內各港口，無論對何國入港商品，都應適用中國現行稅率課稅，其關稅應由中國政府徵收。

3.各國範圍內各港，對於他國入港船舶，不得課較本國船舶爲多的港稅，各國範圍內各鐵路，對他國貨物，不得課較本國貨物爲高的運費。

這就是門戶開放政策的開始，亦即經商機會均等的具體表現。一九〇〇年美國雖然參加八國聯軍之役，但在致聯軍各國的照會中卻稱：「美國政府的政策在尋求中國困難的解決」，此種解決在「維持中國領土行政的完整，且爲全世界保障中國所有各部份平等公正經商的原則。」這是美國第一次提出維持中國領土行政的完整，從此，美國遠東政策又進了一步。二十世紀開始後美國更擴大門戶開放政策的解釋，禁止在華採礦築路等特權的獨佔及商業壟斷，並屢次重申其維持經商機會均等與中國領土行政完整的兩大原則，這是門戶開放政策形成的大略經過。

不過當美國門戶開放政策宣佈之初，列強並不眞正同意，列強的答覆，以俄國最具規避性，其他國家亦多彼此觀望，事實上這一政策並不穩定。所以門戶開放政策的對象，最初是對付俄國，從日俄戰爭以後（一九〇五年），乃轉而對付日本。自一八九九年到第一次世界大戰結束，美國與俄日兩國奮鬥的事蹟，大略如下：第一、一九〇〇至一九〇三年間，俄國陰謀吞併東北，美國於一九〇二與一九〇三年先後向俄國提出抗議，指責其有違門戶開放政策，並與清廷簽約（一九〇三年），開放瀋陽安東爲高埠，打擊俄國獨霸的野心。第二、當一九〇四年日俄戰爭爆發之時，美國籲請雙方尊重中國的中立與完整，一九〇五年更照會各國，警告不得將中國領土割讓與他國，因此日俄在戰後朴資茅斯和約中，除了日本繼承俄國特權外，雙方承認將東北交還中國。第三、一九〇八年美日簽訂魯特高平協定（The Root-Takahira Agreement），雙方同意：一、維持太平洋現狀；二、支持中國的門戶開放；三以和平方法維護中國的獨立與完整。第四、一九〇九年美國照會列強，提議將在華鐵路中立化，即將所有權歸還中國，而由列強供給資金並管理，但爲日俄斷然拒絕。第五、一九一五年日本向中國提出嚴峻的二十一條，其內容直視中國爲保護國，美國兩次提出反對，但日本恃歐戰牽制，置之不理。第六、一九一七年美日簽訂藍辛石井協定（The Lansing Ishii Agreement），除了重申美日對門戶開放政策的雙重原則尊重外，美國不得不承認「日本在中國具有特殊利益，尤以與日本屬地毗連之部份」，這是美國對日本的讓步。大體而言，這一時期的美國遠東政策，目的在建立並維持門戶開放政策的兩項原則於不墜，列強固然並不眞正同意這一政策，但美國屢次強調維持中國領土行政的完整，對於中國當時處境的艱危，實在不無助益。這一段落，可謂美國對俄日兩國的奮鬥時期。

㈢九國公約的努力時期

從第一次世界大戰結束到九一八事變以前，可以劃一段落（一九一八—一九三一），這一段落的美國遠東政策，是以外交方式將雙重原則置於條約的基礎上，獲得列強的尊重。在第一次世界大戰期間（一九一四—一九一八），美國因爲重視歐局，無暇顧及遠東，所以對日本無可如何？從一九一八年大戰結束後，美國由於參戰獲勝，威望大增，因此增強其對遠東發言的力量。一九一九年在巴黎和會中，中國要求收回德國戰敗後在山東的一切特權，日本則堅持繼承此種權益，雙方爭執甚烈，美國雖然支持中國，但列強則偏袒日本，因此中國拒絕簽字。此後兩年，美國考慮通盤解決遠東問題，因有一九二一年至一九二二年的華盛頓會議的召集。在華盛頓會議中，美國一方面於會外斡旋中日直接商談，日本終於承認將山東主權歸還中國；一方面與中、英、法、日、義、比、荷、葡簽訂九國公約（一九二二年二月），並與英法日簽訂四國海軍協定（同月），藉此以約束日本。在九國公約中，規定除中國外，其他各國一致同意尊重中國的主權獨立與領土行政的完整及門戶開放原則，美國遠東政策的兩項原則，至此獲得國際的廣泛承認。自此以後，直至一九三一年九一八事變以前，除了一九二九年中蘇一度武裝衝突，旋即平息外，將近二十年來，遠東局勢大體頗爲穩定。這是美國遠東政策運用的最爲成功的時期，也可謂美國對日本的約束時期。

(四)日本全力侵華時期

從九一八事變到第二次世界大戰日本投降，可以劃一段落（一九三一——一九四五），這一段落的美國遠東政策，是由隱忍、退縮而終至被迫走向戰爭。這一段落又可分爲三個階段：從九一八事變到七七事變（一九三一——一九三七），可謂不承認主義時期。從七七事變到珍珠港事變（一九三七——一九四一），可謂美國逐步援華時期。從珍珠港事變到日本投降（一九四一——一九四五），可謂美日戰爭時期。在這一段落裏有一個特點，就是美國雖然耗損億萬金錢與人力，被迫對日打贏一次戰爭，但結果並未實現其門戶開放政策的雙重願望，僅可說是曇花一現。在第一次世界大戰後十餘年中，美國早已縮減軍備，日本則暗中積極擴軍，一九三一年九月十八日日軍突然襲擊瀋陽，迅速侵據東北，美國遠東政策至此遭遇試驗，九國公約更被破壞無遺。但因英國不肯合作，美國僅祇宣佈：「美國不能承認任何的既成事實情勢的合法性，亦無意承認該兩政府或其他代表所簽訂的任何條約及協定。」（一九三二年一月致中日兩國照會）（由當時國務卿史汀生（Menos Liwes Stimson）所宣佈）即所謂不承認主義，藉此以圖延宕。一九三四年四月十七日，日外務省發言人天羽英二發表一項狂妄聲明稱：一、日本在東亞有特殊責任，二、日本為中國政治保護者，並警告列強不得有損於日本在華的各項特殊權益。美國對此束手無策。一九三五年底日本迫使河北、察哈爾、綏遠、山西與山東五省特殊化，實即變相的日本控制，美國對此也僅發表聲明（是年十二月），希望日本尊重條約而已。這一階段美國的隱忍態度，實為導致其遠東政策失敗的重大因素。一九三七年七月七日，日本悍然發動盧溝橋事變，迅即展開全面侵華戰爭，日軍對美國的教會與財產，任意侵奪或炸毀，美國屢次抗議無效。日軍以壓倒優勢任意殺戮推進，中國軍民艱苦抵抗，但在起初兩年半中，美國仍以戰略物資繼續售給日本，希望不捲入戰爭。在一九四〇年以前，美國固然早以貸款援助中國，但直至日德義三國同盟簽字（一九四〇年九月廿七日），日本回頭顯已絕望時，美國纔以較大援助給予中國。一九四〇年九至十一月間，美國先後宣佈禁止廢鐵廢鋼運日，並給予中國一億元貸款。一九四一年五月六日美國宣佈援用租借法案援華，並鼓勵航空人員來華服務，但仍未宣佈石油禁運，仍留一段餘地。這一階段美國的退縮態度，實無異予日本從事更大冒險的一大鼓勵。一九四一年十二月初，美日談判瀕於絕裂，同月八日日本突然偷襲珍珠港，美國船艦損失慘重，至此被迫祇有對日宣戰。自此以後，美日妥協幻想破滅，美國纔決心加強援華。一九四二年二月初美國決定以五億元貸予中國，一九四三年一月十二日中美簽約取消在華治外法權，同年十一月中美空軍混合大隊成立，此外如在華成立盟軍聯合參謀總部，如美國在莫斯科四國宣言（一九四三年十月三十日）中承認中國爲強國地位，如美國在開羅宣言（同年十二月）中同意將臺灣澎湖歸還中國等，都說明美國眞正採取堅強態度，乃在珍珠港事變之後。這一階段美國的被迫走向戰爭，實爲其過去態度軟弱的必然結果。總之，從九一八事變到第二次世界大戰日本投降，這一段落是美國遠東政策的一連串失敗，九一八事變是開始，七七事變是擴大，至珍珠港事變則發展到頂點。這一段落，可謂美國遠東政策對日本的失敗時期。

(五)蘇俄全力侵華時期

從第二次世界大戰結束到中美共同防禦協定簽字，可以劃一段落（一九四五—一九五四），這一段落的美國遠東政策，是由認識錯誤致使中國大陸淪陷，中間一度放手，而又回到保守臺灣基地主義。這一段落又可分爲兩個階段：從第二次世界大戰結束到韓戰爆發以前（一九四五—一九五〇），可謂美國對華認識與決策錯誤時期。從韓戰爆發到中美共同防禦協定簽字（一九五〇—一九五四），可謂美國回到保守臺灣基地主義時期。在二次世界大戰將近勝利以前，美國鑄成一項大錯，就是一九四五年二月十一日的雅爾達秘密協定，美國同意蘇俄在戰後恢復其帝俄時代控制東北的權益，並迫使中國與俄簽約（同年八月十四日）承認之，致使蘇俄於數日內輕輕佔領東北，並得迅速裝備扶助中共擴大發展，這是美國戰勝日本而未能實現其門戶開放政策的主要因素。其次，美國鑄成又一項大錯，就是以全力斡旋國共談判。美國當時認爲戰後美俄可以和平合作共處，而又認中共爲一農村土地改革派，其目的不過在爭取民主，因此從一九四四年八月赫爾利少將奉派來華開始，到一九四七年一月馬歇爾元帥返美以前，美國正式負責調解國共糾紛，主張雙方停戰，成立聯合政府。在此期間，中共乘機極力擴張，而中國政府則深受限制，加以少數貪污官吏致失掉人心支持，終使政府被迫退出大陸（一九四九年十二月）。一九四九年當大陸形勢正在危殆之際，美國突然發表中美關係白皮書，除了指責中國政府推卸責任外，並表示愛莫能助，從此直至韓戰爆發以前，美國對華採取放手態度。這一階段美國對華的錯誤認識與決策，恰恰幫助蘇俄間接控制了中國，較之日本侵華時期，美國的遠東政策失敗得更慘。一九五〇年六月廿五日蘇俄指使北韓突然大舉南侵，目標顯然在日本，美國與蘇俄和平共處的迷夢，至此驚醒，乃一面迅即派兵援助南韓，一面宣佈使臺灣中立化，並以第七艦隊協防臺灣，不過動機祇是認爲臺灣地位關係其西太平洋防務，誠恐韓戰波及。美國原有意承認中共，由於中共激烈反美，並參加韓戰，纔漸轉而支持中華民國。一九五一年五月美國宣佈派軍事代表團來臺協助建軍，一九五二年四月美國勸使日本與中華民國簽訂雙邊和約，並逐漸加強對臺灣的軍經援助。一九五三年二月美國一度宣佈解除臺灣中立化，允許臺灣向大陸自由出擊，以牽制中共的兵力。不過在此以前，美國雖在聯合國一再維護中國席次，但對臺灣澎湖主權之所屬，迄未肯定承諾。直至一九五四年九月中共開始進攻金門大陳、一再宣稱要解放臺灣，美國乃於同年十二月二日與中華民國簽訂共同防禦協定，明定協防中國領土及臺灣澎湖，美國纔正式承認臺澎的主權屬於中國。這一階段美國的協防臺灣政策，完全是由於臺灣基地的戰略價值，美國所以終於轉而支持中華民國，也是中共的倔強態度逼出來的。總之，從第二次世界大戰結束到中美共同防禦協定簽字，這一段落是美國遠東政策的又一連串失敗；不過日本侵華是採取直接的行動，蘇俄侵華，是採取間接的行動，所以美國容易因此而認識錯誤。這一段落，可謂美國遠東政策對蘇俄的失敗時期。

中美自一九七九年元月斷交，中止外交關係，美國轉而承認中共，迄今已十八年。在此期間，美國雖與中共正式建交，但與臺灣仍保持實質關係。依照美國的「臺灣關係法」所示，美國仍然售給臺灣以防禦性爲限的武器，雙方仍保持經貿關係。國民政府被迫退出大陸，遷至臺灣，當時美國即欲與中共建交，而爲中共拒絕。其時中共爲蘇聯所控制。直至一九七二年起，尼克森與季辛吉多年來連續訪問大陸，其時中共力量已可自行決定，因而美國與中共於一九七九年簽定建交協定。美國固然承認中國是一個，臺灣只是中國的一省，但美國多年來一再聲明，中國兩岸統一必須和平解決，決不許中共對臺灣動武，中共如果對臺採取武力行動，美國必會出面干涉。何以美國如此呢？美國認爲臺海一旦發生戰爭，對美國的軍事及經貿利益有損，所以多年來中共一再宣耀武力，但只是口頭宣耀而已。

綜觀美國的遠東政策，主要是對華政策，扼要言之，是美國運用各種方法，維護它自己的利益。不過有時勝利，有時因錯誤而失敗。從門戶開放政策起，到迄今不得已而承認中共，骨子裏全在維護它自己的利益。美國最大的錯誤，是誤認中共是農村土地改革派，所以當年派馬歇爾特使，來華調解國共紛爭。其後中共控制了大陸，美國惟恐有損其在華利益，乃轉而承認中共。及國民政府被迫遷至臺灣，美國所以與臺灣仍維持實質關係，乃誠恐臺灣落入中共手中，使美國喪失更大利益。所以研究美國的遠東政策，主要是對華政策，美國唯一目的，是運用各種方法，維護其在華利益。千言萬語，這是美國對華政策的眞正目的。